TALK
SPANISH

Dictionary and Reference for International Business

Phrases and Words You Need to Know

by T. Bruce Fryer
Associate Professor of Spanish
Department of Foreign Languages and Literature
University of South Carolina, Columbia

and

Hugo J. Faria
Department of Finance
Graduate School, University of South Carolina, Columbia

BARRON'S EDUCATIONAL SERIES, INC.
New York • London • Toronto • Sydney

© Copyright 1987 by Barron's Educational Series, Inc.

All rights reserved.
No part of this book may be reproduced in any form,
by photostat, microfilm, xerography, or any other
means, or incorporated into any information retrieval
system, electronic or mechanical, without the written
permission of the copyright owner.

All inquires should be addressed to:
Barron's Educational Series, Inc.
113 Crossways Park Drive
Woodbury, New York 11797

Library of Congress Catalog Card No. 86-32113
International Standard Book No. 0-8120-3769-3

Library of Congress Cataloging-in-Publication Data
Fryer, T. Bruce
  Talking business in Spanish.

  1. Business—Dictionaries. 2. English language—
Dictionaries—Spanish 3. Business—Dictionaries—
Spanish. 4. Spanish language—Dictionaries—English.
I. Faria, Hugo J. II. Title.
HF1002.F79   1987   650′.0361   86-32113
ISBN 0-8120-3769-3

PRINTED IN THE UNITED STATES OF AMERICA

7 8 9   9 6 9   9 8 7 6 5 4 3 2 1

CONTENTS

Preface and Acknowledgments   v

Pronunciation Guide   1

Introduction   4
Doing Business in Spanish-speaking Countries by I. Febrer, Vice President of the Spanish Trade Center in New York City (Spain) and Milan B. Skacel, President of the Chamber of Commerce of Latin America in the United States, Inc. (Latin America).

Before You Go...   14

BASIC WORDS AND PHRASES   17

General words and phrases for getting by, including amenities, answers to standard questions, and other essential expressions.

BUSINESS DICTIONARY

English to Spanish   45
Spanish to English   125
Key Words for Key Industries   205

GENERAL INFORMATION   227

Abbreviations   227
Weights and Measures   231
Temperature and Climate   232
Communications Codes   233
Postal Services   234
Time Zones   236
Major Holidays   236
Currency Information   238
Major Business Periodicals   240
Annual Trade Fairs   241
Travel Times   243
Travel Tips   245
Major Hotels   249
Major Restaurants   251
Useful Addresses   253
Maps   255

PREFACE

It is the nature of business to seek out new markets for its products, to find more efficient ways to bring its goods to more people. In the global marketplace, this often means travel to foreign countries, where language and customs are different. Even when a businessperson knows the language of the host country, the specific and often idiosyncratic terminology of the business world can be an obstacle to successful negotiations in a second language. Pocket phrase books barely scratch the surface of these problems, while standard business dictionaries prove too cumbersome.

Now there is a solution — *Barron's Talking Business in Spanish*. Here is the essential pocket reference for all international business travelers. Whether your business be manufacturing or finance, communications or sales, this three-part guide will put the right words in your mouth and the best expressions in your correspondence. It is a book you'll carry with you on every trip and take to every meeting. But it is also the reference you'll keep on your desk in the office. This is the business dictionary for people who do business in Spanish.

Barron's Talking Business in Spanish offers you the following features:

- a 6,000-entry list of basic business terms, dealing with accounting, advertising and sales, banking, computers, export/import, finance and investment, labor relations, management, manufacturing, marketing, retail and wholesale sales, and more;
- an 800-word vocabulary listing of terms related to specific industries;
- a quick guide to basic terms and expressions for getting by when you don't know the language;
- a pronunciation guide for speaking the language;
- a comprehensive list of common business abbreviations;
- reference words for numbers and amounts, days of the week, months and seasons of the year;
- conversion tables for metric and customary measurements;
- lists of major holidays, annual trade fairs, travel times between cities, average temperatures throughout the year;
- information on international currencies, country and city telephone codes, useful addresses in the foreign countries;

- a hotel and restaurant guide for the major cities in Spanish-speaking countries.

This book is one of a new series of business dictionaries. We welcome your comments on additional phrases that could be included in future editions.

Acknowledgments

We would like to thank the following individuals and organizations for their assistance on this project:

John Downes, Business Development Consultant, Office for Economic Development, New York City; Frank Medley, University of South Carolina; Peter McWilliam of Unibanco, New York City; Susana Sarago of Extebank, New York City; José Bertran, Embassy of Spain, New York City; Milan Skacel, Latin American Chamber of Commerce, New York City; and Jerry Wind and Claire Gaudiani of the Joseph H. Lauder Institute of Management and International Studies, Wharton School, Philadelphia.

We are also grateful to the following people and organizations for supplying us with information on services in their countries:

Liliana A. de Alfaro, Commercial Attaché, Embassy of the Republic of Argentina; Joaquín de la Infiesta, Commercial Counselor, Embassy of Spain; Eduardo M. Perez-Vizcarrondo, Executive Vice-President, Puerto Rican Chamber of Commerce in the United States; Miguel Sebastia, Executive Director, Spain-U.S.A. Chamber of Commerce. We are also grateful to Mr. Dominguez of the Mexican Institute for Foreign Trade; to the Colombia Information Service; to Professor Nestor A. Moreno of the University of South Carolina; and to David Frankel for assembling the materials.

Portions of Part I of this book are reprinted with permission from *Spanish at a Glance,* by Heywood Wald, and from *Travel Diary: Spanish,* both published by Barron's Educational Series, Inc.

PRONUNCIATION GUIDE

This book assumes you are already somewhat familiar with the basic pronunciation rules of Spanish, but for those whose knowledge is a little rusty, here are some tips.

Spanish contains three additional letters not found in English: *ch*, *ll*, and *ñ*. All letters are pronounced, with the exception of *h*; the letters *v* and *b* are most often both pronounced like the English *b*.

Words ending in a vowel, an *n*, or an *s* are stressed on the next-to-last syllable — *casa* (KAH-sah). Words ending in a consonant (other than *n* or *s*) are stressed on the last syllable — *general* (hehn-eh-RAHL). A written accent is required on any words which break either of these rules — *lápiz* (*LAH*-pees).

NOTE: When pronouncing the words in the following examples, stress the syllables that appear in CAPITAL letters.

Consonants

SPANISH LETTER(S)	SOUND IN ENGLISH	EXAMPLES
c (before *a*, *o*, *u*)	hard k sound (*c*at)	campo (KAHM-poh) cosa (KOH-sah) Cuba (Koo-bah)
c (before *e*, *i*)	soft s sound (*c*ent)	central (sehn-TRAHL) cinco (SEEN-koh)
cc	hard and soft cc (ks sound) (a*cc*ept)	acción (ahk-see-OHN)
ch	hard ch sound (*ch*air)	muchacho (moo-CHAH-choh)
g (before *a*, *o*, *u*)	hard g (*g*o)	gafas (GAH-fahs) goma (GOH-mah)
g (before *e*, *i*)	breathy h (*h*ot)	general (hehn-eh-RAHL)
h	always silent	hasta (AHS-tah)
j	breathy as in h sound (*h*ot)	José (ho-SAY)
l	English l sound (*l*amp)	lámpara (LAHM-pahr-ah)
ll	as in English y (*y*es)	pollo (POH-yoh)

SPANISH LETTER(S)	SOUND IN ENGLISH	EXAMPLES
n	English n (*n*o)	naranja (nah-RAHN-ha)
ñ	English ny (ca*ny*on)	señorita (seh-nyoh-REE-tah)
qu	English k (*k*eep)	que (kay)
r	trilled once	caro (KAH-roh)
rr (or r at beginning of word)	trilled strongly (operator saying th*r*ee)	rico (RREE-koh) perro (PEH-rroh)
s	English s (*s*ee)	rosa (ROH-sah)
v	Approximately as in English b (*b*ook)	primavera (pree-mah-BEHR-ah)
x	English s, ks (*s*ign, so*cks*)	extra (ES-trah) examinar (ek-sah-mee-NAHR)
y	English y (*y*es) (by itself y = i)	yo (yoh) y (ee)
z	English s	zapato (sah-PAH-toh)

Castilian pronunciations, spoken in parts of Spain, are as follows:

SPANISH LETTER(S)	SOUND IN ENGLISH	EXAMPLES
ll	ly sound as in million	llamo (LYAH-moh)
c (before *e* or *i*)	a *th* sound	gracias (GRAH-thee-ahs)
z	instead of an *s* sound	lápiz (LAH-peeth)

Vowels

SPANISH LETTER(S)	SOUND IN ENGLISH	EXAMPLES
VOWELS		
a	ah (y*a*cht)	taco (TAH-koh)
e	ay (d*ay*) eh (p*e*t)	mesa (MAY-sah) perro (PEH-rroh)
i	ee (m*ee*t)	libro (LEE-broh)
o	oh (*o*pen)	foto (FOH-toh)
u	oo (t*oo*th)	mucho (MOO-choh)

SPANISH LETTER(S)	SOUND IN ENGLISH	EXAMPLES
COMMON VOWEL COMBINATIONS (DIPHTHONGS)		
au	ow (c*ow*)	causa (COW-sah) auto (OW-toh)
ei	ay (d*ay*)	aceite (ah-SAY-tay)
ai	y (t*y*pe)	baile (BY-lay)
ie	yeh (y*et*)	abierto (ah-BYEHR-toh)
ue	weh (w*et*)	bueno (BWEH-noh)

INTRODUCTION

DOING BUSINESS IN SPANISH-SPEAKING COUNTRIES

Doing business with another culture and in another language can be a difficult and mystifying experience. Customs and procedures may be quite different from what is perceived as the "normal" way of conducting oneself in a business circumstance.

In this introduction, some of the customs and economic aspects of Spanish-speaking countries are outlined, in order to assist you in effectively conducting business in these areas. Basic knowledge of these factors will help in becoming more accustomed to the business situation of the Spanish-speaking world.

SPAIN

By I. Febrer, Vice President of the Spanish Trade Center in New York City

Usual Hours of Operation

Monday to Friday	8:00 AM to 1:00 PM & 2:30 PM to 5:30 PM
Saturday	8:00 AM to 1:00 PM (Sales premises only)

Business Customs

- Spanish businessmen tend to be rather formal and conservative on first occasions, loosening up and becoming very friendly as the relationship develops.
- Always begin speaking by using the third person "Usted"; if the possibility arises you may use the second person "tú".
- Remember to shake hands when meeting someone, and also when taking leave.
- It's customary to do business while dining in a regional restaurant. Spaniards are very proud of the regions where they were born and where they live.
- Talking about family, friendship, and other personal matters is considered normal at a business meal. Spaniards enjoy talking while having coffee after the meal; it is then that business is at its best.

General Government Policy and Economic Situation

(Statistics given in this section are generally accurate for the mid-1980's period.)

The Spanish economic framework is that of an industrialized country. The major contributor to the economy is the service sector, followed by industry.

The area of Spain is a little more than 500,000 square kilometers. The country is divided into 17 autonomous regions, each with its own government. The capital is Madrid. The stock exchanges are located in Madrid, Barcelona, Bilbao, and Valencia. The main ports are Barcelona, Bilbao, and Valencia. The Spanish economy combines free enterprise and some nationalized companies, such as railroads, telephone, and energy. The currency is the peseta. 135 ptas = approximately US $1.

Structure of GNP (% of total)			
SECTORS	1970	1980	1984
Farming	11.3	7.4	6.7
Industry	31.3	28.7	28.6
Construction	8.6	7.7	6.7
Services	48.8	56.2	58.0

(INE National Statistics Institute, 1985)

Main Imports (in millions US $)	
Energy	10,834.3
Farm products	3,560.8
Chemicals	2,826.1
Metal products	1,709.2
Machinery	4,097.8
Transport equipment	1,408.2
Other	4,392.7
Total	28,829.1

(Customs administration)

Main Exports (in millions US $)	
Energy	2,083.9
Farm products	3,739.7
Chemicals	2,382.3
Metal products	3,435.9
Machinery	2,808.5
Transport equipment	3,708.6
Other manufactured goods	5,402.4
Total	23,561.3

(Customs administration)

Future Development in Trade Policies

In January 1986, Spain joined the EEC; since then, it has steadily been incorporating its trade policies, including custom duties, foreign exchange control, and foreign investment policies.

Principal trading partners: United States, France, Germany, United Kingdom
Inflation rate: 7.7%
Population: 38.2 million
Religion: Roman Catholic (90%)
Language: Castilian, Catalan, Basc, Galician, and several dialects
GNP: 28.198 billion pesetas
Average exchange rate: 170.04
Prime rate: 11.5%

When doing business in Spain it is advisable to seek the help of an agent. Negotiations are done at a slow pace and patience is required. As in any other country, courtesy goes a long way; if you are going to be late, a telephone call is expected.

LATIN AMERICA

By Milan B. Skacel, award-winning writer specializing in international affairs and president of the Chamber of Commerce of Latin America in the United States, Inc.

Latin America is not a monolith, but the countries south of the Rio Grande share many economic problems and national characteristics and idiosyncrasies.

Most Latin American countries are heavily in debt, their economic growth is sluggish and uneven, and cold statistics seem to discourage even guarded optimism about the future. At the end of 1985, the major Latin American countries—Argentina, Brazil, Chile, Colombia, Mexico, Peru, and Venezuela—together owed more than $360 billion to foreign leaders, including U.S. banks. Interest payments alone consumed more than 40 percent of their export revenues, and total debt service—even when repayment of capital was "rescheduled"—equaled close to 60 percent of earnings.

Export earnings of debtors are unlikely to grow fast enough to ease the staggering debt burden. In fact, studies suggest that Latin American exports will grow by less than 10 percent in the coming years, while a 20 to 25 percent increase would be needed to meet interest payments and have enough left over to stimulate economic growth. As for the principal, the picture is grimmer still. Theoretically, between 1986 and 1989, Latin debtors are supposed to repay more than $100 billion. This simply will not happen. None of the debtors can simultaneously pay its debt, achieve economic growth, and maintain political and social stability at home.

So, doing business in Latin America is more difficult today than ten years ago, when large foreign loans were easily obtainable and money seemed to be the least impediment to securing government contracts or initiating a business venture. The exception is Latin exports, for Latin Americans, understandably, want to sell as much as they can.

Business is generally conducted in a more leisurely way than in the United States. The word here is patience, for negotiations, by U.S. standards, may seem to drag on forever. Younger technocrats and business people, however, tend to be somewhat more direct; some of them have been schooled and trained in the United States and have adopted many American business practices. Still, government contracts and joint ventures involve extensive red tape, and delays are common.

Proficiency in Spanish is a distinct asset. Even if you do not speak the language fluently, a few words are appreciated. For business discussions, an interpreter versed in your business is often indispensable; do not expect to conduct the conversation in English, even if the other person speaks it. As interpreter you can use your local representative or, failing that, ask U.S. embassy or consulate officials to recommend a reputable interpreter.

Business hours vary from country to country, even from company to company. The best time to telephone for an appointment is around 10 AM — before the executive or government official begins his daily routine. Unless your Spanish is good, do not place the call yourself; have your representative or interpreter set the appointment. Afternoon siesta is still a tradition with many, but less so with the younger generation.

Latin Americans are conscious of their dignity. Do not try using first names unless the initiative comes from the other person. Address people by title or surname. (Most Latins have at least three names, the "last" name usually being his mother's maiden name. E.g., Juan Martínez Romero should be addressed as Señor Martínez.)

Punctuality is not a Latin American strong point, yet foreigners are expected to be on time. Never mention the other person's tardiness, even in a joking way. Being late is not deliberate rudeness, merely an ingrained habit. Shaking hands on arrival and departure is common, but wait for the person to extend his hand first. The ritual of "abrazo"—a symbolic hug—is reserved for friends or close associates; if the other person initiates it, it is a sign of favor.

An invitation to a person's home is a privilege and can lead to useful contacts and even business deals. Do not, however, talk business unless your host broaches the subject. You may simply be there "on approval"— with your host and others trying to make up their minds as to whether you are the kind of person they want to do business with.

If you have a business representative, that person should lay the groundwork for your visit and make appointments in advance. If this is your first visit, do not be discouraged if few tangible results come of it. Establishing personal contact and getting a firsthand feeling of the country often later leads to translating your objectives into reality. The word, again, is patience.

General Information

(Statistics given in this section are generally accurate for the mid-1980's period.)

Argentina: Democratic rule returned in 1983. The military, discredited in the 1982 war over the British Falkland Islands, nevertheless remains a major force and could seize power again, if Argentina's deep-seated economic problems generate wider discontent and attendant unrest. Economic planning is hampered by public opposition to austerity measures and by powerful labor unions, largely controlled by ideological followers of the late Juan Perón, which share the blame for seemingly unending inflationary pressures.

Main imports: Nonelectrical machinery, petroleum and petroleum products, cast-iron and steel products; also electrical machinery, road vehicles and transport equipment, plastics and artificial resins, chemicals.

Main exports: Foodstuff for animals, vegetables, grains and cereals, meat and meat preparations, hides and skins, vegetable oils, fats and waxes.

Principal trading partners: United States, U.S.S.R., Brazil, West Germany, the Netherlands, China, Japan, Italy.

Population: 31 million.
Religion: Roman Catholic (92%).
GNP: $60 billion (U.S.).
Per capita GNP: $1,950 (U.S.).
Unemployment rate: 6%.

Bolivia: The country's chronically volatile political situation, with five coups during the past five years, is compounded by depressed world prices for tin.
Main imports: Capital goods, including transport equipment and raw materials.
Main exports: Tin, natural gas, coffee, sugar, wood.
Principal trading partners: United States, Argentina, Brazil, Japan, Mexico, the Netherlands.
Population: 6.5 million.
Religion: Roman Catholic (94%).
GNP: $3.1 billion (U.S.).
Per capita GNP: $510 (U.S.).
Unemployment rate: 9.3%.

Chile: Military regime, headed by President Augusto Pinochet, has been in power since 1973. Over the past two years, opposition to military rule has intensified—coming mainly from political center and extreme left.
Main imports: Machinery, variety of consumer and capital goods, petroleum.
Main exports: Mining products including copper and nickel, fruits and vegetables, fish meal.
Principal trading partners: United States, Japan, Venezuela, Argentina, Brazil, West Germany, Britain, France.
Population: 12.1 million.
Religion: Roman Catholic (80%); Protestant (6%).
GNP: $22 billion (U.S.).
Per capita GNP: $1,900 (U.S.).
Unemployment rate: 16%.

Colombia: Although it has a functioning, democratically elected government, there are guerillas operating in the countryside; there have also been instances of terrorism in Bogotá, the capital.
Main imports: Machinery, equipment, chemicals, crude petroleum and petroleum products, base metals and metal manufactures, paper and paper products.
Main exports: Coffee, crude petroleum and petroleum products, bananas, fresh-cut flowers, cotton.
Principal trading partners: United States, European Economic Community countries, Venezuela, Ecuador, Peru, Japan.
Population: 29 million.
Religion: Roman Catholic (97%).
GNP: $39 billion (U.S.).
Per capita GNP: $1,450 (U.S.).
Unemployment rate: 6.2%.

Costa Rica: Representative government; no standing army. Latin America's longest continuously functioning democracy. Main political problem comes from Nicaragua, a neighbor with a Marxist regime that has vowed to wage "revolution without frontier."

Main imports: Machinery, including telecommunications equipment, paper and paper products, iron and steel, chemicals, petroleum.
Main exports: Coffee, bananas, chemical products including pharmaceuticals, beef.
Principal trading partners: United States, West Germany, Japan, Venezuela, Mexico, Guatemala, El Salvador, Nicaragua.
Population: 2.6 million.
Religion: Roman Catholic (92%).
GNP: $2.7 billion (U.S.).
Per capita GNP: $1,050 (U.S.).
Unemployment rate: 9%.

Dominican Republic: Representative government since 1970. Continued depressed world prices have affected the main export commodity, sugar.

Main imports: Crude petroleum and petroleum products, machinery, foodstuffs, chemicals, iron, steel.
Main exports: Raw sugar, gold alloy, ferronickel, coffee, cacao.
Principal trading partners: United States, Venezuela, Mexico, Japan, Switzerland, Canada, Puerto Rico, the Netherlands.
Population: 6.3 million.
Religion: Roman Catholic (98%).
GNP: $8.2 billion (U.S.).
Per capita GNP: $1,400 (U.S.).
Unemployment rate: 24%.

Ecuador: Peaceful transition from military to civilian rule took place in 1979. For the past 14 years the country's economy has revolved around its petroleum exports; with sharply lower oil prices, there have been severe economic problems.

Main imports: Chemical products, machinery, food products, transportation equipment.
Main exports: Crude petroleum, fish products, coffee, bananas.
Principal trading partners: United States, Japan, West Germany, Italy, Brazil, Panama, Colombia.
Population: 8.7 million.
Religion: Roman Catholic (91%).
GNP: $11.8 billion (U.S.).

Per capita GNP: $1,450 (U.S.).
Unemployment rate: 4.2%.

El Salvador: A democratically elected government confronts continued guerrilla activity. The civil war has made a shambles of the economy, with massive U.S. aid preventing shortages and catastrophic dislocations.
Main imports: Chemical products, crude petroleum, food products including dairy products and wheat, electrical machinery and appliances.
Main exports: Coffee, refined sugar, shrimp, cotton and cotton products.
Principal trading partners: United States, Guatemala, Mexico, Venezuela, Costa Rica, Japan, West Germany.
Population: 5.3 million.
Religion: Roman Catholic (96%).
GNP: $3.7 billion (U.S.).
Per capita GNP: $710 (U.S.).
Unemployment rate: 30%.

Guatemala: The country has returned to democratic rule, but the armed forces remain a major force. There has been extensive guerrilla activity since 1975.
Main imports: Chemical products, mineral fuels and lubricants, machinery, and transport equipment.
Main exports: Coffee, sugar, cotton, bananas.
Principal trading partners: United States, El Salvador, West Germany, Honduras, Costa Rica, Mexico, Netherlands Antilles.
Population: 7.7 million.
Religion: Roman Catholic (80%), Protestant (18%).
GNP: $8.9 billion (U.S.).
Per capita GNP: $1,120 (U.S.).
Unemployment rate: 16%.

Honduras: An elected civilian government took power in 1982. Substantial U.S. aid has been helping the economy, but severe problems remain. The armed forces, which have launched several coups over the past 20 years, are still a force to be reckoned with in case of popular unrest.
Main imports: Chemical products, mineral fuels and lubricants, food products, machinery, transport equipment.
Main exports: Bananas, coffee, wood, shrimp and lobsters, refined sugar, lead and zinc.
Principal trading partners: United States, Venezuela, Guatemala, Costa Rica, Trinidad and Tobago, Japan, West Germany, Belgium.

Population: 4.4 million.
Religion: Roman Catholic (94%).
GNP: $2.8 billion (U.S.).
Per capita GNP: $670 (U.S.).
Unemployment rate: 21%.

Mexico: Falling oil prices, rapid population growth, and natural disasters have put the economy into a tailspin. Mexico has a tradition of free elections, but for more than 50 years it has been ruled by the same party.

Main imports: Unprocessed agricultural products including maize, sorghum and soybean seed, metalworking equipment, chemicals, transportation and communication equipment, electrical machinery, petrochemicals.

Main exports: Crude petroleum, petroleum products, automobile motors, coffee, silver bars, frozen shrimp.

Principal trading partners: United States, Spain, West Germany, Japan, Canada.

Population: 79 million.
Religion: Roman Catholic (92%), Protestant (6%).
GNP: $170 billion (U.S.).
Per capita GNP: $2,240 (U.S.).
Unemployment rate: 11%.

Panama: Although it has an elected government, the country has long been ruled by the military. Panama's high unemployment and economic stagnation have caused some Latin American experts to consider it a time bomb.

Main imports: Crude petroleum, machinery and transport equipment, chemical products, food products.

Main exports: Bananas, shrimp, sugar, leather products, coffee, cocoa.

Principal trading partners: United States, Mexico, Venezuela, West Germany, Ecuador, Japan.

Population: 2.2 million.
Religion: Roman Catholic (89%), Protestant (5%), Muslim (4%).
GNP: $4.1 billion (U.S.).
Per capita GNP: $2,070 (U.S.).
Unemployment rate: 9.8%.

Paraguay: General Alfredo Stroessner has ruled virtually unchallenged for over 30 years.

Main imports: Fuels and lubricants, machines and engines, food and foodstuffs.

Main exports: Cotton fibers, soybeans, timber, animal fodder, tobacco.

Principal trading partners: Brazil, Argentina, Algeria, West Germany, the Netherlands, United States.
Population: 3.4 million.
Religion: Roman Catholic (97%).
GNP: $4.6 billion (U.S.).
Per capita GNP: $1,400 (U.S.).
Unemployment rate: 27%.

Peru: This country is considered another time bomb. There is massive economic dislocation, widespread unemployment, and skyrocketing inflation, and guerrilla terrorists known as Sendero Luminoso (Shining Path) disrupt life in both the countryside and the capital, Lima. Representative government.
Main imports: Capital goods, food items including wheat.
Main exports: Petroleum, copper, zinc, lead, silver.
Principal trading partners: United States, Japan, Argentina, West Germany, Brazil, Belgium-Luxembourg, Britain.
Population: 20 million.
Religion: Roman Catholic (93%).
GNP: $18.7 billion (U.S.).
Per capita GNP: $1,050 (U.S.).
Unemployment rate: 8.5%.

Uruguay: The country's elected government is fragile, with the military still the power in the background. Once a model democracy with a high standard of living, Uruguay has had a succession of coups, and its economy is in dire straits.
Main imports: Machinery and appliances, mineral products, chemical products, synthetic plastic, resins and rubber.
Main exports: Animals and live animal products, hides and skins, textiles.
Principal trading partners: Nigeria, Brazil, Argentina, United States, Mexico, West Germany, U.S.S.R.
Population: 3.1 million.
Religion: Roman Catholic (60%), Protestant (4%).
GNP: $7.4 billion (U.S.).
Per capita GNP: $2,490 (U.S.).
Unemployment rate: 9%.

Venezuela: Since 1959 the country has enjoyed progressive, democratically elected governments. During most of the 1970's ambitious programs modernized and partially diversified Venezuela's economy. Sharp decline in oil prices, however, has caused much of the task to remain unfinished.

Main imports: Machinery, road motor vehicles, iron and steel, chemicals, cereals and cereal preparations.
Major exports: Petroleum and crude oils, petroleum products.
Principal trading partners: United States, Japan, West Germany, Canada, Netherlands Antilles.
Population: 17.5 million.
Religion: Roman Catholic (92%).
GNP: $71 billion (U.S.).
Per capita GNP: $4,100 (U.S.).
Unemployment rate: 13%.

BEFORE YOU GO. . .

Passports

All permanent U.S. residents must carry a valid passport in order to travel to, from, and within Europe. Although most Caribbean and Central American countries (and some in South America) do *not* require a passport for entry, they do require some proof of citizenship. Since a U.S. passport is the form of proof of citizenship most easily identifiable in foreign countries, it is worth the cost and the effort to get one.

Application for a passport should be made by mail or in person at least eight and preferably twelve weeks in advance to either; (1) a U.S. Passport Agency office located in twelve major cities and the District of Columbia; (2) designated U.S. post offices throughout the country; or (3) state and Federal courthouses.

Visas

No visas are required by Spain for travelers with U.S. passports whose stay does not exceed three months. If planning to stay longer, contact the consulate or national tourist organization of the country in the nearest major city or in New York City or ask your travel agency or international airline office about visa applications.

No visas are required by Caribbean or Central American countries. Check the South American countries you plan to visit for visa requirements.

Immunizations

There are no immunization requirements for entry into western Europe and most Latin American countries, or for return to the U.S. However, if you plan to visit Latin America or the Caribbean, consult your doctor or the nearest U.S. Public Health Service office for recommended inoculations.

Customs and Currency Regulations

In general, American travelers to Europe and Latin America are allowed to bring in fairly generous amounts of duty-free items for their own *personal* use. These items include tobacco, alcohol, and perfume and are typically allowed in the following quantities (despite local variation):

400 cigarettes *or* 100 cigars *or* 500 grams of tobacco (about 1 lb.)

2 liters of wine

1 liter of liquor

2 ounces of perfume

If you are not well in excess of these amounts, a simple statement of "nothing to declare" will be respected by most customs officials.

For gifts whose final destination is the country you are entering, the rules are a bit stricter and vary greatly among the different countries. It would be wise to check on the duty-free limits beforehand and to declare whatever is in excess.

For personal valuables like jewelry or furs and foreign-made items like watches, cameras, typewriters, or tape recorders (acquired before your trip) you should have proof of prior possession or register with U.S. Customs before departure. This will ensure that they are not subject to duty either by the United States upon return or by any country you visit.

Upon return to the United States each person has a duty-free allowance of $400, including 100 cigars and 1 carton of cigarettes. Each adult may bring in only 1 liter of wine or other liquor duty-free. Gifts worth $50 or less may be sent home subject to certain restrictions. For further up-to-date details, ask your travel agent or airline to provide a copy of U.S. customs regulations.

There are no restrictions on the amounts of *foreign currency* (or checks) that foreign nationals may bring *into* western Europe or Latin America, but if in doubt, consult a travel agent.

Traveler's Checks, Credit Cards, Foreign Exchange

All major international traveler's checks and credit cards are accepted by most of the hotels, restaurants and shops. The most recognized are: American Express, Barclays, Visa, Citibank, and Bank of America. The cards most acceptable are: American Express, MasterCard, Visa, Diners Club.

However, be advised that the exchange rate on dollar traveler's checks is almost always disadvantageous. If you want, you can buy foreign currency checks and/or actual currency in the United States before leaving at rates equivalent to or better than the bank rate you will get over there. Currency or checks may be purchased from retail foreign currency dealers. The largest of these, Deak-Perera, will send information if you contact them at: 29 Broadway, New York, NY 10006, (212) 757-6915.

A warning to credit card users: When charging, make sure that the following information appears on the original and all copies of your bill: the correct date; the type of currency being charged (*francs, marks, pesos*, etc.); the official exchange rate for that currency on that date (if possible); and the total amount of the bill. Without this information, you may end up paying at an exchange rate less favorable to you and more favorable to your foreign host, and for a larger bill than you thought!

Drivers' Licenses

A valid American (state) license is usually respected. However, if you have time, and want to avoid language problems on the road, it is a good idea to get an international driver's document through the AAA or a local automobile club.

Electrical Appliances

If you plan to bring along any small electrical appliances for use without batteries, be aware that Europe's (and parts of Latin America's) system of electric current and voltage differs from ours. If your appliance has no special internal adapters or converters made especially for use abroad, you will have to supply your own. For most appliances, you will need *plug adapters* that provide the proper number and shape prongs to fit foreign outlets.

Spain — 220 V AC 50 Hz. Two-pin round plug.
Mexico — 110/120 V AC 60 Hz. Two-pin flat plug.
Mexico City — 125 V AC 60 Hz.
Argentina — 220 V AC 60 Hz. Two-pin flat plug (American three-pin flat plug in some new buildings).
Colombia — 110/120 V AC 60 Hz. Two-pin flat plug. 150 V AC 60 Hz in parts of Bogotá.
Perú — 220 V AC 60 Hz. Two-pin round plug.
Uruguay — 220 V AC 50 Hz. Two-pin round plug.
Venezuela — 110 V AC 60 Hz. Two-pin flat plug.
Puerto Rico — 110 V AC 60 Hz. Two-pin flat plug.

Different American-made appliances (irons, hair dryers, razors, radios, battery rechargers, etc.) need either *adapters or converters* to transform voltage and frequency levels.

For further detailed information on foreign electricity, contact Franzus Company, 352 Park Avenue South, New York, NY 10010, (212) 889-5850.

BASIC WORDS AND PHRASES

Fundamental Expressions

Yes.	Sí. (see)
No.	No. (noh)
Maybe.	Quizás. (kee-SAHS)
Please.	Por favor. (pohr-fah-BOHR)
Thank you very much.	Muchas gracias. (MOO-chahs GRAH-see-ahs)
Excuse me.	Perdón. (pehr-DOHN)
	Con permiso. (kohn pehr-MEE-soh)
I'm sorry.	Lo siento. (loh see-EHN-toh)
Just a second.	Un momento. (oon moh-MEN-toh)
That's all right.	Está bien. (eh-STAH bee-ehn)
It doesn't matter.	No importa. (noh eem-PORT-ah)
Sir	Señor (seh-NYOHR)
Madame	Señora (seh-NYOHR-ah)
Miss	Señorita (seh-nyohr-EE-tah)
Good morning.	Buenos días. (bway-nohs DEE-ahs)
Good afternoon.	Buenas tardes. (bway-nahs TAHR-dehs)
Good evening (night).	Buenas noches. (bway-nahs NOH-checs)
Good-bye.	Adiós. (ah-DYOHS)
See you later (so long).	Hasta la vista. (AH-stah lah BEE-stah)
	Hasta luego. (AH-stah loo-AY-goh)
See you tomorrow.	Hasta mañana. (AH-stah mah-NYAH-nah)
How are you?	¿Cómo está usted? (KOH-moh ehs-TAH oos-TEHD)
How's everything?	¿Qué tal? (kay tahl)
Very well, thanks.	Muy bien, gracias. (mwee bee-EHN GRAH-see-ahs)
And you?	¿Y usted? (ee oos-TEHD)
My name is ___.	Me llamo ___. (may YAH-moh)

What's your name?	¿Cómo se llama usted? (KOH-moh say YAH-mah oos-TEHD)
How do you do (Glad to meet you).	Mucho gusto (en conocerle). (MOO-choh GOOS-toh [ehn koh-noh-SEHR-lay])
How do you do (The pleasure is mine).	El gusto es mío. (ehl GOOS-toh ehs MEE-oh)
Where are you from?	¿De dónde es usted? (day DOHN-day ehs oos-tehd)
At what hotel are you staying?	¿En qué hotel está? (ehn kay oh-TEL ehs-TAH)
How long will you be staying?	¿Cuánto tiempo va a quedarse? (KWAHN-toh tee-EHM-poh bah ah kay-DAHR-say)
Here's my telephone number (address).	Aquí tiene mi número de teléfono (mi dirección). (ah-KEE tee-EH-nay mee NOO-mehr-oh day tel-EH-foh-noh [mee dee-rehk-SYOHN])

Communications

Do you speak English?	¿Habla usted inglés? (ah-blah oos-TEHD een-GLAYS)
I speak (a little) Spanish.	Hablo español (un poco). (AH-bloh ehs-pah-NYOHL) ([oon POH-koh])
I don't speak Spanish.	No hablo español. (noh AH-bloh ehs-pah-NYOHL)
Is there anyone here who speaks English?	¿Hay alguien aquí que hable inglés? (AH-ee AHL-ghee-EHN ah-KEE kay Ah-blay een-GLAYS)
Do you understand?	¿Comprende usted? (kohm-PREHN-day oos-tehd)
I understand.	Yo comprendo. (yoh kohm-PREHN-doh)
What does this mean?	¿Qué quiere decir ésto? (kay kee-YEH-ray day-SEER ehs-toh)
What? What did you say?	¿Cómo? (KOH-moh)
How do you say ___ in Spanish?	¿Cómo se dice ___ en español? (KOH-moh say DEE-say ___ ehn ehs-pah-NYOHL)
Please speak slowly.	Hable despacio, por favor. (AH-blay dehs-PAH-see-oh pohr fah-BOHR)

Please repeat.	Repita, por favor. (ray-PEE-tah pohr fah-BOHR)

Common Questions and Phrases

Where is ____?	¿Dónde está ____? (DOHN-day ehs-TAH)
When?	¿Cuándo? (KWAHN-doh)
How?	¿Cómo? (KOH-moh)
How much?	¿Cuánto? (KWAHN-toh)
Who?	¿Quién? (key-EN)
Why?	¿Por qué? (pohr-KAY)
Which?	¿Cuál? (kwal)
Here it is.	Aquí está. (ah-KEE eh-STAH)
I (don't) know.	Yo (no) sé. (yoh [noh] say)

Useful Nouns

address	la direccíon (lah dee-rehk-SYOHN)
amount	el monto, la suma (ehl MOHN-toh) (lah SOO-ma)
appointment	la cita (lah SEE-tah)
bill	la cuenta (lah KWEHN-tah)
business	el negocio (ehl neh-GOH-syoh)
car	el automóvil (ehl ow-toh-MOH-beel)
cashier	el cajero (ehl kah-HEH-roh)
check	el cheque (ehl CHEH-keh)
city	la ciudad (lah syoo-DAHD)
customs	la aduana (lah ah-DWAH-nah)
date	la fecha (lah FEH-chah)
document	el documento (ehl doh-koo-MEHN-toh)
elevator	el ascensor (ehl ahs-sehn-SOHR)
flight	el vuelo (ehl BWEH-loh)
friend	el amigo, la amiga (ehl ah-MEE-goh) (lah ah-MEE-gah)
hanger	la percha (lah PEHR-chah)
key	la llave (lah YAH-beh)
list	la lista (lah LEES-tah)
magazine	la revista (lah reh-BEES-tah)
maid	la camarera (lah kah-mah-REH-rah)
manager	el gerente (ehl heh-REHN-teh)
map	el mapa (ehl MAH-pah)
mistake	el error (ehl ehr-ROHR)
money	el dinero (ehl dee-NEH-roh)
name	el nombre (ehl NOHM-breh)
newspaper	el periódico, el diario (ehl peh-RYOH-dee-koh) (ehl dee-AHR-ee-oh)

office	la oficina (lah oh-fee-SEE-nah)
package	el paquete (ehl pah-KEH-teh)
paper	el papel (ehl pah-PEHL)
passport	el pasaporte (ehl pah-sah-POHR-teh)
pen	la pluma (lah PLOO-mah)
pencil	el lápiz (ehl LAH-pees)
porter	el maletero (ehl mah-leh-TEHR-oh)
post office	la oficina de correos (lah oh-fee-SEE-nah deh kohr-REH-ohs)
postage	la estampilla, el sello (lah ehs-tahm-PEE-yah) (ehl SEH-yoh)
price	el precio (ehl PREH-syoh)
raincoat	el impermeable (ehl eem-pehr-meh-AH-bleh)
reservation	la reservación (lah reh-sehr-bah-SYOHN)
restroom	el lavabo (ehl lah-BAH-boh)
restaurant	el restaurante (ehl rehs-tow-RAHN-teh)
road	la carretera, el camino (lah kahr-reh-TEH-rah) (ehl kah-MEE-noh)
room	la habitación (lah ah-bee-tah-SYOHN)
shirt	la camisa (lah kah-MEE-sah)
shoes	los zapatos (lohs sah-PAH-tohs)
shower	la ducha (lah DOO-chah)
store	el almacén (ehl ahl-mah-SEHN)
street	la calle (lah KAH-yeh)
suit	el vestido (ehl bes-TEE-doh)
suitcase	la maleta (lah mah-LEH-tah)
taxi	el taxi (ehl TAHK-see)
telegram	el telegrama (ehl teh-leh-GRAH-mah)
telephone	el teléfono (ehl teh-LEH-foh-noh)
terminal	el término (ehl TEHR-mee-noh)
ticket	el boleto (ehl boh-LEH-toh)
time	el tiempo (ehl TYEHM-poh)
tip	la propina (lah proh-PEE-nah)
train	el tren (ehl trehn)
trip	el viaje (ehl BYAH-heh)
umbrella	el paraguas, la sombrilla (ehl pah-RAH-gwahs) (lah sohm-BREE-yah)
waiter	el mozo, el mesero (ehl MOH-soh) (ehl meh-SEHR-oh)

watch	el reloj (ehl reh-LOH)
water	el agua (ehl AH-gwah)

Useful Verbs (infinitive forms)

accept	aceptar (ah-sehp-TAHR)
answer	responder (rehs-pohn-DEHR)
arrive	llegar (yeh-GAHR)
ask	preguntar (preh-goon-TAHR)
assist	ayudar (ah-yoo-DAHR)
be	ser, estar (sehr) (ehs-TAHR)
begin	comenzar (koh-mehn-SAHR)
bring	traer (trah-ehr)
buy	compar (kohm-PRAHR)
call	lllamar (yah-MAHR)
carry	llevar (yeh-BAHR)
change	cambiar, trocar (kahm-BYAHR) (tro-KAHR)
close	cerrar (sehr-RAHR)
come	venir (beh-NEER)
confirm	confirmar (kohn-feer-MAHR)
continue	continuar (kohn-tee-NWAHR)
cost	costar (kohs-TAHR)
deliver	entregar (ehn-treh-GAHR)
direct	dirigir (dee-ree-HEER)
do	hacer (ah-SEHR)
eat	comer (koh-MEHR)
end	terminar (tehr-mee-NAHR)
enter	entrar (ehn-TRAHR)
examine	examinar (ehk-sah-mee-NAHR)
exchange	cambiar (kahm-BYAHR)
feel	sentir (sehn-TEER)
finish	completar (kohm-pleh-TAHR)
fix	arreglar (ahr-reh-GLAHR)
follow	seguir (seh-GHEER)
forward	expedir, remitir (ehk-speh-DEER) (reh-mee-TEER)
get	procurar (proh-koo-RAHR)
give	dar (dahr)
go	ir (eer)
hear	oir (oh-EER)
help	ayudar (ah-yoo-DAHR)
keep	guardar (gwahr-DAHR)
know	saber, conocer (sah-BEHR) (koh-noh-SEHR)
learn	aprender (ah-prehn-DEHR)
leave	salir (sah-LEER)
like	gustar (goos-TAHR)
listen	escuchar (ehs-koo-CHAHR)
look	mirar (mee-RAHR)
lose	perder (pehr-DEHR)

make	hacer (ah-SEHR)
mean	significar (seeg-nee-fee-KAHR)
meet	encontrar (ehn-kohn-TRAHR)
miss	perder (pehr-DEHR)
need	necesitar (neh-seh-see-TAHR)
open	abrir (ah-BREER)
order	encargar (ehn-kahr-GAHR)
park	parquear (pahr-keh-AHR)
pay	pagar (pah-GAHR)
prefer	preferir (preh-feh-REER)
prepare	preparar (preh-pah-RAHR)
present (be)	presenciar (preh-sehn-SYAHR)
prove	probar (proh-BAHR)
pull	halar (ah-LAHR)
purchase	comprar (kohm-PRAHR)
put	poner (poh-NEHR)
read	leer (leh-EHR)
receive	recibir (reh-see-BEER)
recommend	recommendar (reh-koh-mehn-DAHR)
remain	quedar (keh-DAHR)
repair	reparar (reh-pah-RAHR)
repeat	repetir (reh-peh-TEER)
rest	reposar, descansar (reh-poh-SAHR) (dehs-kahn-SAHR)
return	volver (bohl-BEHR)
run	correr (kohr-REHR)
say	decir (deh-SEER)
see	ver (behr)
send	enviar (ehn-BYAHR)
show	mostrar (mohs-TRAHR)
sit	sentar (se) (sehn-TAHR [seh])
speak	hablar (ah-BLAHR)
stand	estar de pie (ehs-TAHR deh pyeh)
start	comenzar (koh-mehn-SAHR)
stop	parar (pah-RAHR)
take	tomar (toh-MAHR)
talk	conversar (kohn-behr-SAHR)
tell	decir (deh-SEER)
think	pensar (pehn-SAHR)
try	probar (proh-BAHR)
turn	volver, doblar (bohl-BEHR) (doh-BLAHR)
use	usar (oo-SAHR)
visit	visitar (bee-SEE-TAHR)
wait	esperar (ehs-peh-RAHR)
walk	andar (ahn-DAHR)
want	querer (keh-REHR)
wear	llevar (yeh-BAHR)

work	trabajar (trah-bah-HAHR)
write	escribir (ehs-kree-BEER)

Useful Adjectives and Adverbs

above/below	arriba/abajo (ahr-REE-bah/ah-BAH-hoh)
ahead/behind	adelante/detrás (ah-deh-LAHN-teh/deh-TRAHS)
best/worst	el mejor/el peor (ehl meh-HOHR/ehl peh-OHR)
big/small	grande/pequeño (GRAHN-deh/peh-KEHN-yoh)
early/late	temprano/tarde (tehm-PRAH-noh/TAHR-deh)
easy/difficult	fácil/difícil (FAH-seel/dee-FEE-seel)
few/many	pocos/muchos (POH-kohs/MOO-chohs)
first/last	primero/pasado (pree-MEH-roh/pah-SAH-doh)
front/back	delantero/detrás (deh-lahn-TEH-roh/deh-TRAHS)
full/empty	completo/vacío (kohm-PLEH-toh/bah-SEE-oh)
good/bad	bueno/malo (BWEH-noh/MAH-loh)
high/low	alto/bajo (AHL-toh/BAH-hoh)
hot/cold	caliente/frío (kah-LYEHN-teh/FREE-oh)
inside/outside	dentro/fuera (DEHN-troh/FWEH-rah)
large/small	grande/pequeño (GRAHN-deh/peh-KEHN-yoh)
more/less	más/menos (mahs/MEH-nohs)
near/far	cercano/lejos (sehr-KAH-noh/LEH-hohs)
old/new	viejo/nuevo (BYEH-hoh/NWEH-boh)
open/shut	abierto/cerrado (ah-BYEHR-toh/sehr-RAH-doh)
right/wrong	correcto/falso (koh-REHK-toh/FAHL-soh)
slow/fast	lento/de prisa (LEHN-toh/deh PREE-sah)
thin/thick	delgado/grueso (dehl-GAH-doh/grew-EH-soh)

Other Useful Small Words

a, an	un, una (oon) (oo-nah)
about	alrededor de (ahl-reh-deh-DOHR deh)

Basic Words and Phrases

across	a través (ah trah-BEHS)
after	después (dehs-PWEHS)
again	otra vez (OH-trah behs)
all	todo (TOH-doh)
almost	casi (KAH-see)
also	tambien (tahm-BYEHN)
always	siempre (SYEHM-preh)
among	entre (EHN-treh)
and	y (ee)
another	otro (OH-troh)
any	algún (ahl-GOON)
around	alrededor (de) (ahl-reh-deh-DOHR [deh])
at	en (ehn)
away	ausente (ow-SEHN-teh)
back	atrás (ah-TRAHS)
because	porque (POHR-keh)
before	antes de (AHN-tehs deh)
behind	detrás de (deh-TRAHS deh)
between	entre (EHN-treh)
both	ambos, uno y otro (AHM-bos) (oo-noh ee OH-troh)
but	pero (PEH-roh)
down	abajo (ah-BAH-hoh)
each	cada (KAH-dah)
enough	bastante (bahs-TAHN-teh)
even	unido, igual (oo-NEE-doh) (ee-GWAL)
every	cada (KAH-dah)
except	excepto (ehk-SEHP-toh)
few	pocos (POH-kohs)
for	para (PAH-rah)
from	de (deh)
however	sin embargo (seen ehm-BAHR-goh)
if	si (SEE)
in	en (ehn)
instead	en vez (ehn BEHS)
into	en (ehn)
maybe	quizá (kee-SAH)
more	más (mahs)
much	mucho (MOO-choh)
next (to)	próximo (PROHK-see-moh)
not	no (noh)
now	ahora (ah-OHR-ah)
of	de (deh)
often	a menudo (ah meh-NOO-doh)
only	sólo (SOH-loh)
or	o (oh)
other	otro (OH-troh)
perhaps	quizá (kee-SAH)

same	mismo (MEES-moh)
since	desde (DEHS-deh)
some	algún (ahl-GOON)
still	todavía (toh-dah-VEE-ah)
that	aquel(la) (ah-KEHL[lah])
these	estos, estas (EHS-tohs) (EHS-tahs)
this	este, esta (EHS-teh) (EHS-tah)
to	a (ah)
unless	a menos que (ah MEH-nohs keh)
until	hasta (AHS-tah)
very	muy (mooy)
with	con (kohn)

Directions

North	el norte (ehl NOHR-teh)
South	el sur (ehl soor)
East	el este (ehl EHS-teh)
West	el oeste (ehl oh-EHS-teh)
around the corner	a la vuelta (ah lah boo-EHL-tah)
straight ahead	derecho (deh-REH-choh)
left	a la izquierda (ah lah ees-KYEHR-dah)
right	a la derecha (ah lah deh-REH-chah)

Days of the Week

Sunday	domingo (doh-MEEN-goh)
Monday	lunes (LOO-nehs)
Tuesday	martes (MAHR-tehs)
Wednesday	miércoles (MYEHR-koh-lehs)
Thursday	jueves (HWEH-behs)
Friday	viernes (BHYEHR-nehs)
Saturday	sábado (SAH-bah-doh)
What day is today?	¿Qué día es hoy? (kay DEE-ah ehs oy)
Today is ____.	Hoy es ____. (oy ehs)
yesterday	ayer (ah-YEHR)
the day before yesterday	anteayer (ANT-ay-ah-YEHR)
tomorrow	mañana (mahn-YAH-nah)
the day after tomorrow	pasado mañana (pah-SAH-doh mahn-YAH-nah)
last week	la semana pasada (lah seh-MAH-nah pah-SAH-dah)
next week	la semana próxima (lah seh-MAH-nah PROHK-see-mah)
tonight	esta noche (EHS-tah noh-chay)
last night	anoche (ahn-OH-chay)

next month	el mes próximo (ehl mehs PROHK-see-moh)
this weekend	este fin de semana (EHS-teh feen deh seh-MAH-nah)

Months of the Year

January	enero (ay-NEHR-oh)
February	febrero (fay-BREH-roh)
March	marzo (MAHR-soh)
April	abril (ah-BREEL)
May	mayo (MAH-yoh)
June	junio (HOO-nee-oh)
July	julio (HOO-lee-oh)
August	agosto (ah-GOHS-toh)
September	septiembre (sep-tee-EHMB-ray)
October	octubre (ohk-TOO-bray)
November	noviembre (noh-bee-EHMB-ray)
December	diciembre (dee-SYEHM-bray)
this month	este mes (EHS-tay mehs)
last month	el mes pasado (ehl mehs pah-SAH-doh)
next month	el mes próximo (ehl mehs PROHK-see-moh)
last year	el año pasado (ehl AHN-yoh pah-SAH-doh)
next year	el año que viene (ehl AHN-yoh kay bee-EN-ay)
What's today's date?	¿Cuál es la fecha de hoy? (kwahl ehs lah FAY-chah day oy)
Today is August ___.	Hoy es ___ de agosto. (oy ehs ___ day ah-GOHS-toh)

The first of the month is *el primero* (an ordinal number). All other dates are expressed with cardinal numbers.

first	el primero (ehl pree-MEHR-oh)
second	el dos (ehl dohs)
fourth	el cuatro (ehl KWAH-troh)
25th	el veinticinco (ehl bayn-tee-SEEN-koh)
May 1, 1876	El primero de mayo de mil ochocientos setenta y seis (ehl pree-MEHR-oh day MAH-ee-oh day meel oh-choh-SYEHN-tohs say-TEN-tah ee SAYSS)
July 4, 1984	El cuatro de julio de mil novecientos ochenta y cuatro (ehl KWAH-troh day HOOL-ee-oh day meel noh-bay-SYEHN-tohs oh-CHEN-tah ee KWAH-troh)

The Four Seasons

spring	la primavera (lah pree-mah-BEHR-ah)
summer	el verano (ehl behr-AH-noh)
fall	el otoño (ehl oh-TOHN-yoh)
winter	el invierno (ehl eem-BYEHR-noh)

Time

What time is it? ¿Qué hora es? (kay OH-rah ehs)

When telling time in Spanish, *It is* is expressed by **Es la** for 1:00 and **Son las** for all other numbers.

It's 1:00	Es la una (ehs lah OO-nah)
It's 2:00	Son las dos (sohn lahs dohs)
It's 3:00	Son las tres (sohn lahs trehs)

The number of minutes after the hours is expressed by adding **y** (and) followed by the number of minutes.

It's 4:10	Son las cuatro y diez (sohn lahs KWAH-troh ee dyehs)
It's 5:20	Son las cinco y veinte (sohn lahs SEEN-koh ee BAYN-tay)

A quarter after and half past are expressed by placing **y cuarto** and **y media** after the hour.

It's 6:15	Son las seis y cuarto (sohn lahs sayss ee KWAHR-toh)
It's 7:30	Son las siete y media (sohn lahs SYEH-tay ee MEH-dyah)

After passing the half-hour point on the clock, time is expressed in Spanish by *subtracting* the number of minutes from the next hour.

It's 7:35	Son las ocho menos veinticinco (sohn lahs OH-choh meh-nohs bayn-tee-SEEN-koh)
It's 8:50	Son las nueve menos diez (sohn lahs NWEH-bay meh-nohs dyehs)
At what time?	¿A qué hora? (ah kay OH-rah)
At 1:00	A la una (ah lah OO-nah)
At 2:00 (3:00, etc.)	A las dos (tres, etc.) (ah lahs dohs [trehs])
A.M. (in the morning)	de la mañana (day lah mahn-YAH-nah)

P.M.	de la tarde
(in the afternoon)	(day lah TAHR-day)
(at night)	de la noche (day lah NOH-chay)
It's noon	Es mediodía (ehs meh-dee-oh-DEE-ah)
It's midnight	Es medianoche (ehs MEH-dee-ah-NOH-chay)
It's early (late)	Es temprano (tarde) (ehs temp-RAH-noh [TAHR-day])

Arrival/Hotel

My name is ___.	Me llamo ___. (may YAH-moh)
Here is (are) my ___.	Aquí tiene mi ___. (ah-KEE tee-EHN-eh)
• passport	• pasaporte (pah-sah-POHR-teh)
• business card	• tarjeta de presentación (tahr-HEH-tah deh preh-sehn-tah-SYOHN)
I'm on a business trip.	Estoy en un viaje de negocios. (ehs-TOY ehn oon BYAH-heh deh neh-GOH-syohs)
I'd like to go to the ___ Hotel.	Quisiera ir al Hotel ___. (kee-SYEH-rah eer ahl oh-TEL)
Where can I get a taxi?	¿Dónde puedo coger un taxi?
I'd like a single (double) room for tonight.	Quisiera una habitación con una sola cama (con dos camas) para esta noche. (kee-SYEHR-ah OO-nah ah-bee-tah-SYOHN kohn OO-nah SOH-lah KAH-mah [kohn dos KAH-mahs] pah-rah EHS-tah NOH-chay)
I (don't) have a reservation.	(No) tengo reserva. ([noh] ten-goh reh-SEHR-bah)
Could you call another hotel to see if they have something?	¿Podría llamar a otro hotel para ver si tienen algo? (poh-DREE-ah yah-MAHR ah OH-troh o-TEL pah-rah behr see tee-yen-ehn AHL-goh)
May I see the room?	¿Podría ver la habitación? (poh-DREE-ah behr lah ah-bee-tah-SYOHN)
The room is very nice. I'll take it.	La habitación es muy bonita. Me quedo con ella. (lah ah-bee-tah-SYOHN ehs mwee boh-NEE-tah) (may KAY-doh kohn EH-ya)

I'll be staying here for ___.	Me quedaré aguí ___. (may kay-dahr-AY ah-KEE)
• one night	• una noche (oo-nah NOH-chay)
• a few nights	• unas noches (oo-nahs NOH-chayes)
• one week	• una semana (oo-nah seh-MAH-nah)
Where is the elevator?	¿Dónde está el ascensor? (DOHN-deh ehs-TAH ehl ahs-sehn-SOHR)
Please send a bottle of mineral water to my room.	Haga el favor de mandar una botella de agua mineral a mi habitación. (HAH-gah ehl fah-BOHR deh mahn-DAHR oo-nah boh-TEH-yah deh AH-gwah mee-neh-RAHL ah mee ah-bee-tah-SYOHN)
Please wake me tomorrow at ___.	¿Puede despertarme mañana a ___? (PWEH-deh dehs-pehr-TAHR-meh mahn-YAH-nah ah)
Are there any messages for me?	¿Hay recados para mi? (AH-ee reh-KAH-dohs PAH-rah mee)
I'd like to leave this in your safe.	Quisiera dejar esto en su caja fuerte. (kee-SYEHR-ah deh-HAHR EHS-toh ehn soo kah-hah FWEHR-teh)
Will you make this call for me?	¿Podría usted hacerme esta llamada? (poh-DREE-ah oo-STEHD ah-SEHR-meh EHS-tah yah-MAH-dah)
Please send someone up for the baggage.	Haga el favor de mandar a alguien para recoger el equipaje. (Ah-ga ehl fah-BOHR deh mahn-DAHR ah AHL-gyen PAH-rah reh-koh-HEHR ehl eh-kee-PAH-heh)
I'd like the bill please.	Quisiera la cuenta, por favor. (kee-SYEHR-ah lah KWEHN-tah pohr fah-BOHR)

Transportation

bus	el autobús (ehl ow-toh-BOOS)
train	el tren (ehl trehn)
subway	el metro (ehl MEH-troh)
ticket	el billete (ehl bee-YEH-teh)
station	la estación (lah ehs-tah-SYOHN)

Where is the closest subway (underground) station?	¿Dónde hay la estación más cercana? (DOHN-day AH-ee lah ehs-tah-SYOHN mahs sehr-KAH-nah)
How much is the fare?	¿Cuánto es la tarifa? (KWAHN-toh ehs lah tah-REE-fah)
Where can I buy a token (ticket)?	¿Dónde puedo comprar una ficha (un billete)? (DOHN-day PWEH-doh kohm-PRAHR oo-nah FEE-chah [oon bee-YEH-teh])
Does this train go to ___?	¿Va este tren a ___? (bah ehs-teh trehn ah)
Please tell me when we get there.	Haga el favor de avisarme cuando lleguemos. (AH-gah ehl fah-BOHR day ah-bee-SAHR-may kwahn-doh yeh-GAY-mohs)
Please get me a taxi.	¿Puede usted conseguirme un taxi, por favor? (PWEH-day oos-TEHD kohn-say-GHEER-may oon TAHK-see pohr fah-BOHR)
Where can I get a taxi?	¿Donde puedo coger un taxi? (DOHN-day PWEH-doh koh-HAIR oon TAHK-see)
Take me (I want to go) ___.	Lléveme (Quiero ir) ___. (YEHV-eh-may [kee-EHR-oh eer])
• to the airport	• al aeropuerto (ahl ah-ehr-oh-PWEHR-toh)
• to this address	• a esta dirección (ah ehs-tah dee-rehk-SYOHN)
• to the hotel	• al hotel (ahl o-TEL)
Where can I rent a car?	¿Dónde puedo alquilar un coche? (dohn-day PWEH-doh ahl-kee-LAHR oon KOH-chay)
How much does it cost ___?	¿Cuánto cuesta ___? (KWAHN-toh KWEHS-tah)
• per day	• por día (pohr DEE-ah)
• per week	• por semana (pohr seh-MAHN-ah)
• per kilometer	• por kilómetro (pohr kee-LOH-meht-roh)
• for unlimited mileage	• con kilometraje ilimitado (kohn kee-loh-may-TRAH-hay ee-lee-mee-TAH-doh)

How much is the insurance?	¿Cuánto es el seguro? (KWAHN-toh ehs ehl seh-GOOR-oh)
Is the gas included?	¿Está incluída la gasolina? (ehs-TAH een-kloo-EE-dah lah gahs-oh-LEEN-ah)
Do you accept credit cards?	¿Acepta usted tarjetas de crédito? (ah-sehp-tah oos-TEHD tahr-HAY-tahs day KREH-dee-toh)
Here's my driver's license.	Aquí tiene mi licencia de conducir. (ah-KEE tee-EH-nay mee lee-SEN-see-ah day kohn-doo-SEER)
Where is there a gas station?	¿Dónde hay una estación de gasolina? (DOHN-day AH-ee oo-nah ehs-tah-SYOHN day gahs-oh-LEE-nah)
Fill it up with ____.	Llénelo con ____. (YAY-nay-loh kohn)
• diesel	• diesel (dee-EH-sel)
• regular (90 octane)	• normal (nohr-MAHL)
• super (96 octane)	• super (SOO-pehr)
• extra (98 octane)	• extra (EHS-trah)
Please check ____.	¿Quiere inspeccionar ____? (kee-YEHR-ay eens-pehk-syohn-ahr)
• the battery	• la batería (lah bah-tehr-EE-ah)
• the carburetor	• el carburador (ehl kahr-boor-ah-DOHR)
• the oil	• el aceite (ehl ah-SAY-tay)
• the spark plugs	• las bujías (lahs boo-HEE-ahs)
• the tires	• las llantas, las ruedas (lahs YAHN-tahs) (RWAY-dahs)
• the tire pressure	• la presión de las llantas (lah preh-SYOHN day lahs YAHN-tahs)
• the antifreeze	• el agua del radiador (ehl ah-GWAH del rah-dee-ah-DOHR)
My car has broken down.	Mi coche se ha averiado. (mee KOH-chay say AH ah-behr-ee-AH-doh)

Drivers should be familiar with these universal road signs:

- Guarded railroad crossing
- Yield 
- Stop 
- Right of way 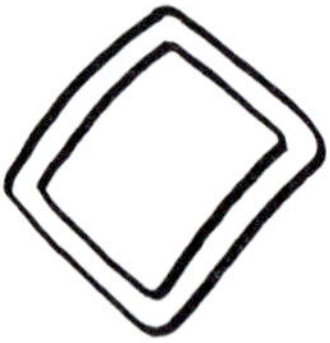
- Dangerous intersection ahead 
- Gasoline (petrol) ahead 
- Parking 
- No vehicles allowed 
- Dangerous curve 
- Pedestrian crossing 
- Oncoming traffic has right of way 
- No bicycles allowed 
- No parking allowed 
- No entry 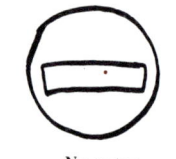
- No left turn 
- No U-turn 
- No passing 
- Border crossing

Transportation

Traffic signal ahead

Speed limit

Traffic circle (roundabout) ahead

Minimum speed limit

All traffic turns left

End of no passing zone

One-way street — DIRECCIÓN ÚNICA

Detour — DESVÍO

Danger ahead

Entrance to expressway

Expressway ends

When is there a flight to ____?	¿Cuándo hay un vuelo a ____? (KWAHN-doh AH-ee oon BWEHL-oh ah)
I would like a ____ ticket.	Quisiera un billete ____. (kee-see-YEHR-ah oon bee-YEH-tay)
• round trip	• de ida y vuelta (day EE-dah ee BWEHL-tah)
• one way	• de ida (day EE-dah)
• tourist class	• en clase turista (ehn KLAH-say toor-EES-tah)
• first class	• en primera clase (ehn pree-MEHR-ah KLAH-say)
When does the plane leave (arrive)?	¿A qué hora sale (llega) el avión? (ah kay oh-ra SAH-lay [YEH-gah] ehl ah-BYOHN)

When must I be at the airport?	¿Cuándo debo estar en el aeropuerto? (KWAHN-doh deh-boh ehs-TAHR en ehl ah-ehr-oh-PWEHR-toh)
What is my flight number?	¿Cuál es el número del vuelo? (kwahl ehs ehl NOO-mehr-oh dehl BWEH-loh)
What gate do we leave from?	¿De que puerta se sale? (day kay PWEHR-tah say sah-lay)
I want to confirm (cancel) my reservation for flight ___.	Quiero confirmar (cancelar) mi reservación para el vuelo ___. (kee-YEHR-oh kohn-feer-MAHR [kahn-say-LAHR] mee reh-sehr-bah-SYOHN pah-rah ehl BWEH-loh)
I'd like to check my bags.	Quisiera facturar mis maletas. (kee-SYEHR-ah fahk-too-RAHR mees mah-LEH-tahs)
I have only carry-on baggage.	Tengo solo equipaje de mano. (TEN-goh so-loh ay-kee-PAH-hay day MAH-noh)

Leisure Time

Let's go to a nightclub.	Vamos a un cabaret. (BAH-mohs ah oon kah-bah-REH)
Is a reservation necessary?	¿Hace falta una reserva? (ah-say FAHL-tah oo-nah reh-SEHR-bah)
Is there a minimum (cover) charge?	¿Hay un mínimo? (AH-ee oon MEE-nee-moh)
Where is the checkroom?	¿Dónde está el guardarropa? (DOHN-day eh-STAH ehl gwahr-dah-ROH-pah)
I'd like to watch a soccer match.	Quisiera ver un partido de fútbol. (kee-SYEHR-ah behr oon pahr-TEE-doh day FOOT-bohl)
Where's the stadium?	¿Dónde está el estadio? (DOHN-day ehs-TAH ehl ehs-TAH-dee-oh)
What teams are going to play?	¿Qué equipos van a jugar? (kay eh-kee-pohs bahn ah hoo-GAHR)
I'd like to see a jai alai match.	Me gustaría ver un partido de pelota. (may goos-tahr-EE-ah behr oon par-TEE-doh day pel-OH-tah)
Where is the jai alai court?	¿Dónde está el frontón? (DOHN-day ehs-TAH ehl frohn-TOHN)

Do you play tennis?	¿Sabe usted jugar al tenis? (SAH-bay oos-TEHD hoo-GAHR ahl TEN-ees)
Where is a safe place to run?	¿Dónde hay un sitio seguro para correr? (DOHN-day AH-ee oon SEE-tee-oh seh-GOOR-oh pah-rah kohr-EHR)
Is there a golf course?	¿Hay un campo de golf? (AH-ee oon KAHM-poh day gohlf)
Can one rent clubs?	¿Se puede alquilar los palos? (say PWEH-day ahl-kee-LAHR lohs PAH-lohs)

Restaurants

breakfast	desayuno (deh-sah-YOO-noh)
lunch	almuerzo (ahl-MWHER-soh)
dinner	cena (SEH-nah)
Do you have a good restaurant?	¿Conoce usted un buen restaurante? (koh-NOH-sah oos-TEHD oon bwehn rehs-tah-oo-RAHN-tay)
Is it very expensive?	¿Es muy caro? (ehs mwee KAH-roh)
A table for two, please.	Una mesa para dos, por favor. (oon-nah MAY-sah pah-rah dohs pohr fah-BOHR)
Waiter!	¡Camarero! (kah-mah-REHR-oh)
Miss!	¡Señorita! (sen-yohr-EE-tah)
We'd like to have lunch now.	Queremos almorzar ahora. (kehr-AY-mohs ahl-mohr-SAHR ah-OHR-ah)
The menu, please.	La carta, por favor. (lah KAHR-tah pohr fah-BOHR)
What's today's special?	¿Cuál es el plato del día de hoy? (KWAHL ehs ehl PLAH-toh del DEE-ah day oy)
What do you recommend?	¿Qué recomienda usted? (KAY reh-koh-mee-EHN-dah oos-TEHD)
What's the house specialty?	¿Cuál es la especialidad de la casa? (KWAHL ehs lah ehs-peh-see-ah-lee-DAHD day lah KAH-sah)
Do you have a house wine?	¿Tiene un vino de la casa? (tee-YEHN-ay oon BEE-noh day lah KAH-sah)
I'd like to order now.	Me gustaría ordenar ahora. (may goos-tahr-EE-ah ohr-den-AHR ah-OHR-ah)

Waiter, we need ___.	Camerero, necesitamos ___. (kah-mah-REHR-oh neh-seh-see-TAH-mohs)
• a knife	• un cuchillo (oon koo-CHEE-yoh)
• a fork	• un tenedor (oon ten-eh-DOHR)
• a spoon	• una cuchara (oo-nah koo-CHAHR-ah)
• a teaspoon	• una cucharita (oo-nah koo-chahr-EE-tah)
• a soup spoon	• una cuchara de sopa (oo-nah koo-CHAHR-rah day SOH-pah)
• a glass	• un vaso (oon BAH-soh)
• a cup	• una taza (oo-nah TAH-sah)
• a saucer	• un platillo (oon plah-TEE-yoh)
• a plate	• un plato (oon PLAH-toh)
• a napkin	• una servilleta (oo-nah sehr-bee-YEH-tah)
• a toothpick	• un palillo (oon pahl-EE-yoh)

Shopping

Where can I find ___?	¿Dónde se puede encontrar ___? (DOHN-day say pweh-day ehn-kohn-TRAHR)
Can you help me?	¿Me podría ayudar? (may poh-DREE-ah ah-yoo-DAHR)
Do you take credit cards?	¿Acepta tarjetas de crédito? (ah-SEP-tah tahr-HAY-tahs day KRED-ee-toh)
Can I pay with a traveler's check?	¿Puedo pagar con un cheque de viajero? (PWEH-doh pah-GAHR kohn oon CHEH-kay day bee-ah-HEHR-oh)
I'd like to see ___.	Quisiera ver ___. (kee-SYEHR-ah behr)
How much is it?	¿Cuánto vale? (KWAHN-toh BAH-lay)
Do you carry English newspapers (magazines)?	Tiene usted periódicos (revistas) en inglés? (tee-YEHN-ay oos-TEHD peh-ree-OH-dee-kohs [ray-BEES-tahs] en een-GLAYS)

I'd like to buy some (picture) post cards.	Quisiera comprar postales (ilustradas). (kee-SEYHR-ah kohm-PRAHR pohs-TAHL-ays [ee-loos-TRAH-dahs])
Do you have stamps?	¿Tiene sellos? (tee-YEHN-ay SEH-yohs)

Medical Care

Where is the nearest (all-night) pharmacy?	¿Dónde está a farmacia (de guardia) más cercana? (DOHN-day ehs-TAH lah fahr-MAH-see-ah [day GWAHR-dee-ah] mahs sehr-KAH-nah)
I need something for ___.	Necesito algo para ___. (neh-seh-SEE-toh AHL-go pah-rah)
• a cold	• un catarro (oon kah-TAH-roh)
• constipation	• el estreñimiento (ehl ehs-trayn-yee-MYEHN-toh)
• a cough	• la tos (lah-tos)
• diarrhea	• la diarrea (lah dee-ahr-RAY-ah)
• a headache	• un dolor de cabeza (oon doh-LOHR day kah-BAY-sah)
• insomnia	• el insomnio (ehl een-SOHM-nee-oh)
• a toothache	• un dolor de muelas (oon doh-LOHR day MWEH-lahs)
• an upset stomach	• la indigestión (lah een-dee-hes-TYOHN)
I don't feel well.	No me siento bien. (noh may SYEYN-toh BYEHN)
I need a doctor.	Necesito un médico. (neh-seh-SEE-toh oon MEH-dee-koh)
Do you know a doctor who speaks English?	¿Conoce un médico que hable inglés? (koh-NOH-say oon MEH-dee-koh kay ah-blay een-GLAYS)
I feel dizzy.	Estoy mareado. (ehs-TOY mahr-ay-AH-doh)
I feel weak.	Me siento débil. (may SYEHN-toh DAY-beel)
I have a pain in my chest.	Tengo dolor en el pecho. (TEN-goh doh-LOHR ehn ehl PAY-choh)
I had a heart attack ___ year(s) ago.	Tuve an ataque al corazón hace ___ año(s). (TOO-bay oon ah-TAH-kay ahl kohr-ah-SOHN ah-say ___ ahn-yoh[s])

Can you recommend a dentist?	¿Puede recomendar un dentista? (PWEH-day reh-koh-men-DAHR oon den-TEES-tah)
I have a toothache.	Tengo un dolor de muela. (ten-goh oon doh-LOHR day MWEH-lah)
Can you repair these glasses (for me)?	¿Puede usted arreglar (me) estas gafas? (PWEH-day oos-TEHD ah-ray-GLAHR [may] ehs-TAHS GAH-fahs)

Telephone

Where is a public telephone?	¿Donde hay un teléfono público? (DOHN-day AH-ee oon tel-EHF-oh-noh POO-blee-koh)
• a telephone directory	• una guía telefónica (oo-nah GHEE-ah tel-eh-FOHN-ee-kah)
Do I need tokens for the phone?	¿Necesito fichas para el telephóno? (neh-seh-SEE-toh FEE-chahs pah-rah ehl tel-EHF-oh-no)
How do I get the operator?	¿Cómo puedo conseguir la central? (KOH-moh PWEH-doh kon-seh-GHEER lah sehn-TRAHL)
My number is ____.	Mi número es ____. (mee NOO-mehr-oh ehs)
May I speak to ____?	¿Puedo hablar con ____? (PWEH-doh ah-BLAHR kohn)
Who is this?	¿Con quién hablo? (kohn kee-YEHN AH-bloh)
Don't hang up.	No cuelgue. (noh KWEHL-gay)
I was cut off.	Me han cortado. (may ahn kohr-TAH-doh)

Postal Service

a letter	una carta (oo-nah KAHR-tah)
an insured letter	una carta asegurada (oo-nah KAHR-tah ah-say-goor-AH-dah)
a registered letter	una carta certificada (oo-nah KAHR-tah sehr-teef-ee-KAH-dah)

a special delivery letter	una carta urgente (oo-nah KAHR-tah oor-HEN-tay)
a package	un paquete postal (oon pah-kay-tay pohs-TAHL)
a post card	una postal (oo-nah pohs-TAHL)
I want to mail a letter.	Quiero echar una carta al correo. (kee-YEHR-oh ay-CHAHR OO-nah KAHR-tah ahl kohr-AY-oh)
Where's the post office?	¿Dónde está correos? (DOHN-day ehs-TAH kohr-AY-ohs)
Where's a mailbox?	¿Dónde hay un buzón? (DOHN-day AH-ee oon boo-SOHN)
Are there any letters for me? My name is ___.	¿Hay cartas para mí? Me llamo ___. (AH-ee KAHR-tahs pah-rah mee may YAH-moh)
I need to send a telex.	Tengo que enviar un "telex". (TEN-goh kay ehm-bee-AHR oon TEL-eks)

Signs

Se Alquila	For Rent
Se Vende	For Sale
Ascensor	Elevator
Cuidado	Caution
Peligro	Danger
Prohibido el Paso	Do Not Enter
Entrada	Entrance
Salida	Exit
Señoras, Damas	Ladies
Hombres, Caballeros	Men
Ocupado	Occupied
Libre	Empty
Abierto	Open
Cerrado	Closed
Privado	Private
Empuje	Push
Tire	Pull
Prohibido Estacionarse	No Parking
Prohibido Fumar	No Smoking
No Pisar el Césped	Keep Off the Grass
No Beba el Agua	Don't Drink the Water
Sala de Espera	Waiting Room
Información	Information

Numbers
Cardinal Numbers
Numerals of more than three figures have a period in Spanish, instead of a comma. Thus, 1,000 will appear as 1.000.

0	cero (SEHR-oh)
1	uno (OO-noh)
2	dos (dohs)
3	tres (trehs)
4	cuatro (KWAH-troh)
5	cinco (SEEN-koh)
6	seis (sayss)
7	siete (SEYH-tay)
8	ocho (OH-choh)
9	nueve (NWEH-bay)
10	diez (dyess)
11	once (OHN-say)
12	doce (DOH-say)
13	trece (TREH-say)
14	catorce (kah-TOHR-say)
15	quince (KEEN-say)
16	diez y seis OR dieciséis (dyeh-see-SAYSS)
17	diez y siete OR diecisiete (dyeh-see-SYEH-tay)
18	diez y ocho OR dieciocho (dyeh-see-OH-choh)
19	diez y nueve OR diecinueve (dyeh-see-NWEH-bay)
20	veinte (BAYN-tay)
21	veintiuno (bayn-tee-OO-noh)
22	veintidós (bayn-tee-DOHS)
23	veintitrés (bayn-tee-TREHS)
24	veinticuatro (bayn-tee-KWAH-troh)
25	veinticinco (bayn-tee-SEEN-koh)
26	veintiséis (bayn-tee-SAYSS)
27	veintisiete (bayn-tee-SYEH-tay)
28	veintiocho (bayn-tee-OH-choh)
29	veintinueve (bayn-tee-NWEH-bay)
30	treinta (TRAYN-tah)
40	cuarenta (kwahr-EHN-tah)
50	cincuenta (seen-KWEHN-tah)
60	sesenta (seh-SEHN-tah)
70	setenta (seh-TEHN-tah)
80	ochenta (oh-CHEHN-tah)
90	noventa (noh-BEHN-tah)
100	cien(to) (syen[toh])

101	ciento uno (SYEHN-toh OO-noh)
102	ciento dos (SYEHN-toh DOHS)
200	doscientos(as) (dohs-SYEHN-tohs[tahs])
300	trescientos(as) (trehs-SYEHN-tohs[tahs])
400	cuatrocientos(as) (kwah-troh-SYEHN-tohs[tahs])
500	quinientos(as) (kee-NYEHN-tohs [tahs])
600	seiscientos(as) (sayss-SYEHN-tohs[tahs])
700	setecientos(as) (seh-teh-SYEHN-tohs[tahs])
800	ochocientos(as) (oh-choh-SYEHN-tohs[tahs])
900	novecientos(as) (noh-beh-SYEHN-tohs[tahs])
1,000	mil (meel)
2,000	dos mil (dohs meel)
3,000	tres mil (trehs meel)
4,000	cuatro mil (KWAH-troh meel)
5,000	cinco mil (SEEN-koh meel)
6,000	seis mil (sayss meel)
7,000	siete mil (SYEH-tay meel)
8,000	ocho mil (OH-choh meel)
9,000	nueve mil (NWEH-bay meel)
10,000	dies mil (dyess meel)
20,000	veinte mil (BAYN-tay meel)
30,000	treinta mil (TRAYN-tah meel)
40,000	cuarenta mil (kwahr-EHN-tah meel)
50,000	cincuenta mil (seen-KWEHN-tah meel)
60,000	sesenta mil (seh-SEHN-tah meel)
70,000	setenta mil (seh-TEHN-tah meel)
80,000	ochenta mil (oh-CHEHN-tah meel)
90,000	noventa mil (noh-BEHN-tah meel)
100,000	cien mil (syehn meel)
200,000	doscientos mil (dohs-SYEHN-tohs meel)
300,000	trescientos mil (trehs-SYEHN-tohs meel)
400,000	cuatrocientos mil (kwah-troh-SYEHN-tohs meel)

accommodation endorsement   el endoso de favor
accommodation paper   el documento avalado
accommodation parity   la conveniencia paritaria
accompanied goods   la mercadería acompañada, los bienes acompañados
account   la cuenta
account balance   el saldo de la cuenta
account day   el día de liquidación en bolsa
account executive   el ejecutivo de cuentas
account for (v)   contabilizar
account number   el número de cuenta
account period   el período contable
accountability   la responsabilidad
accountant   el contable, el contador
accounting department   el departamento de contabilidad
accounting method   el método de contabilidad
accounting period   el ejercicio o período contable
accounting ratio   el índice contable
accounts payable   las cuentas por pagar
accounts receivable   las cuentas por cobrar
accretion   acreción, el aumento
accrual   la provisión, la acumulación
accrue (v)   acumular
accrued assets   los activos acumulados
accrued depreciation   la depreciación acumulada
accumulated depreciation   la depreciación acumulada
accrued expenses   los gastos acumulados por pagar
accrued interest   el interés acumulado
accrued method   el método de acumulación
accrued revenue   los ingresos acumulados
accrued taxes   los impuestos acumulados
acid-test ratio   la prueba de ácido
acknowledge (v)   reconocer, acusar
acknowledge receipt of (v)   acusar recibo de
acoustic coupler   el acoplador acústico
acquire (v)   adquirir
acquired rights   los derechos adquiridos
acquisition   la adquisición

acquisition profile   el perfil de aquisición
acreage allotment   la asignación de terreno
acronym   el acrónimo
across-the-board settlement   el acuerdo integral, el ajuste lineal
across-the-board tariff negotiation   las negociaciones arancelarias lineales
act of God   la fuerza mayor
action research   la investigación aplicada
active account   la cuenta activa
active assets   los activos productivos
active debts   las deudas activas
active trust   el fideicomiso activo
activity chart   el cuadro de actividades
actual cash value   el valor verdadero en efectivo
actual cost   el costo real, el costo verdadero
actual income   los ingresos verdaderos
actual liability   el pasivo verdadero
actual market volume   el volumen verdadero del mercado
actual total loss   la pérdida total efectiva
actuals   las disponibilidades
actuary   el actuario
add-on-sales   las ventas adicionales
addendum   el anexo
adjudge (v)   adjudicar
adjudication   el juicio, la adjudicacion
adjust (v)   ajustar
adjustable peg   el tipo de cambio fijo ajustable
adjusted CIF price   el precio ajustado de costo, seguro y flete
adjusted earned income   los ingresos ajustados
adjusted rate   la tasa ajustada
adjusting entry   el asiento de ajuste
adjustment process   el proceso de ajuste
adjustment trigger   el iniciador de ajustes
administration   la gerencia
administration (handling of)   el manejo
administrator   el administrador

administratrix   la administradora
adminstrative expense   los gastos administrativos
advance (v)   anticipar, adelantar
advance freight   el flete pagado
advance notice   el aviso anticipado
advance payment   el pago por adelantado
advance refunding   las devoluciones por adelantado
adverse balance   el balance desfavorable
advertising   la publicidad
advertising agency   la agencia de publicidad
advertising budget   el presupuesto de publicidad
advertising campaign   la campaña de publicidad
advertising drive   la campaña para conseguir anunciadores
advertising expenses   los gastos de publicidad
advertising manager   el gerente de publicidad
advertising media   los medios de publicidad
advertising research   la investigación publicitaria
advice notice   el aviso de expedición
advise (v)   aconsejar
advisory council   el consejo asesor
advisory funds   los fondos de asesoramiento
advisory service   el servicio consultivo
affidavit   el afidávit
affidavit entry   la declaración jurada
affiliate   el asociado, el afiliado
affiliate (v)   afiliar
affirmative action   las medidas para la protección de los derechos personales
affreightment   el fletamento
afloat   a flote
after-sales-service   el servicio de post-venta
after-sight   posterior a la fecha de presentación
after-tax real rate of return   la rata de retorno real después de impuestos
afterdate   después del día de vencimiento
against all risks   a todo riesgo
agency   la agencia
agency bank   la agencia bancaria

agency fee   los honorarios de agencia
agenda   la agenda
agent   el agente
agent bank   el banco representante
aggregate demand   la demanda agregada
aggregate risk   el riesgo agregado
aggregate supply   la oferta agregada
agreement   el pacto, el acuerdo, el convenio
agreed and satisfied   acordado y satisfecho
agricultural paper   las obligaciones agrícolas, los efectos agrícolas
agricultural products   los productos agrícolas
agriculture   la agricultura
air express   el correo aéreo
air freight   el flete aéreo
air shipments   los embarques aéreos
algorithm   el algoritmo
algorithmic language   el lenguaje algorítmico
alien corporation   la compañía extranjera
all-in-cost   el costo total
all or none   todo o nada
allocation of costs   la asignación de costos
allocation of responsibilities   la asignación de responsabilidades
allonge   el añadido
allot (v)   asignar
allotment letter   el notificación de repartod
allow (v)   permitir
allowance   la asignación, la concesión, la rebaja
alongside (nautical)   al costado de
alteration   el cambio, la alteración
alternative order   la orden alternativa
amalgamation   la fusión
amend (v)   enmendar, reformar
amendment   la enmienda
amortization   la amortización
amount   la suma
amount due   el importe debido, el importe vencido
analogue computer   la computadora análoga

analysis el análisis
analyst el analista
anchorage (dues) los derechos de anclaje
ancillary operations las operaciones auxiliares
angle of incidence el ángulo de incidencia
annual anual
annual accounts las cuentas anuales
annual audit la auditoría anual
annual report el informe anual
annuity la anualidad
anti-dumping duty el impuesto anti-dumping, el derecho protector contra importación a precios arbitrarios
antique authenticity certificate el certificado de antigüedad auténtica
antitrust laws las leyes antimonopolio
apparel el vestido, la indumentaria
application form el formulario de solicitud, la solicitud
applied proceeds swap el apoyo recíproco del producto aplicado
appointment (engagement) el nombramiento, la cita
appraisal el avalúo
appraiser el tasador, el valuador
appreciation la revalorización, el alza
apprentice el aprendiz
appropriation la consignación, la asignación
approval la aprobación
approve (v) aprobar
approved delivery facility la localidad de reparto aprobada
approved securities las valores aprobados
arbitrage el arbitraje
arbitration el arbitrage
arbitration agreement el convenio de arbitraje
arbitrator el árbitro
area manager el gerente de zona
arithmetic mean la media aritmética
armaments los armamentos

arm's length las empresas vinculadas a otras que operan como si no lo fueran

arrears los atrasos

as if and when siempre y cuando

as-is goods los bienes así como así

as per advice según aviso

as soon as possible cuanto antes, lo más pronto posible

asignee el asignatario

asking price el precio de venta

assay el ensayo, la prueba

assemble (v) ensamblar, montar

assembly la asamblea

assembly line la línea de montaje, la producción en cadena

assess (v) avaluar, determinar

assessed valuation el valor imponible

assessment la tasación

asset el activo

asset turnover la rotación del activo

asset value según los libros

assign (v) asignar

assignee el cesionario

assignor el cedente, el asignador

assistant el asistente

assistant general manager el gerente general asistente

assistant manager el gerente asistente

associate company la compañía asociada

asset value el valor del activo

assumed liability el pasivo asumido

at and from en y desde

at best en el mejor de los casos

at call disponible, a la vista

at or better than (market price) al precio (del mercado) o mejor

at par a la par

at the close al cierre

at the market en el mercado

at the opening a la apertura

at sight a la vista
attach (v) adjuntar
attache case el maletín ejecutivo
attended time el tiempo concurrido
attestation la atestación
attorney el abogado
attrition el agotamiento
audit (v) controlar, inspeccionar, auditorear
audit trail la pista de auditoría
auditing balance sheet la auditoría del balance general
auditor el auditor
autarchy la autarquía
authenticity (gold) la autenticidad (de oro)
authorize (v) autorizar
authorized dealer el concesionario autorizado
authorized shares las acciones autorizadas
authorized signature la firma autorizada
automatic automático
automation el automatización
autonomous autónomo
available disponible
average el promedio
average cost el costo promedio
average life la vida promedio
average price el precio promedio
average unit cost el costo unitario promedio
averaging el proceso de promediar
avoidable costs los costos evitables

B

back date la fecha previa
back date (v) atrasar la fecha
back order el pedido previo pendiente de entrega
back selling (v) vender nuevamente a quienes compramos
back taxes los impuestos atrasados
back-to-back credit el crédito al fabricante con respaldo de un crédito exterior

back-to-back loan el préstamo subsidiario
back-up bonds los bonos de respaldo
backed note el pagaré a respaldo
backing and filling el respaldo y la satisfacción
backing support el respaldo y soporte
backlog los pedidos pendientes
backwardation la diferencia entre precios de entrega inmediata y futuro
backwash effect las consecuencias de una ocurrencia, la disminución de la producción para el interior en favor de la exportación en naciones subdesarrolladas
bad debt la deuda incobrable
balance (economic) el equilibrio
balance of an account el saldo
balance of payments la balanza de pagos
balance of trade la balanza comercial
balance ratios los índices del balance
balance sheet el balance general, el estado financiero
bale capacity la capacidad de empaquetar
bale cargo la carga de fardos
ballast bonus el bono de lastre
balloon note la nota de pago grande generalmente al final
balloon payment el pago grande generalmente al final
bank el banco
bank acceptance la aceptación bancaria
bank account la cuenta bancaria
bank balance el saldo bancario
bank carnet la identificación bancaria
bank charges los cargos bancarios
bank check el cheque bancario
bank deposit el depósito bancario
bank draft el giro bancario
bank examiner el inspector bancario
bank exchange el intercambio bancario
bank holiday el día feriado bancario
bank letter of credit la carta de crédito bancaria
bank loan el préstamo bancario
bank money order el giro bancario

bank note   la nota bancaria
bank rate   el tipo de interés bancario
bank release   la exoneración bancaria
bank statement   el estado de cuenta bancaria
banking industry   la industria bancaria
bankruptcy   la quiebra, la bancarrota
bareboat charter   la carta de fletamiento sin tripulación ni combustible
bargain   el convenio, el pacto
bargain (sale)   la ganga
bargaining power   el poder para negociar
barratry   la baratería
barter (v)   permutar
base price   el precio base
base rate   el tipo base
base currency   la base monetaria
base year   el año base
basis point (1/100%)   el punto de base
batch processing   el procesamiento en función al orden de llegada
batch production   la producción en lote
bear   el especulador sobre la baja del mercado, el bajista
bear market   el mercado bajista
bearer   el portador, el tenedor
bearer bond   el bono al portador, el título al portador,
bearer security   el valor al portador
bell-shaped curve   la curva de campana
below par   bajo-par, por debajo de la par
below the line   por debajo de la línea
beneficiary   el beneficiario
bequest   la donación, el legado
berth terms   las condiciones de atraque y muellaje
bid and asked price   el precio de compra y venta
bill   el giro, la factura, la letra de cambio
bill broker   el corredor de valores
bill of exchange   la letra de cambio
bill of lading   el conocimiento de embarque
bill of sale   el comprobante de venta, la factura de venta

bill of sight   la declaración provisional
billboard   la cartelera
binary notation   la notación binaria
binder   el recibo para pago preliminar
bit   el dígito binario
black market   el mercado negro
blanket bond   la fianza general
blanket order   la orden general
blockage of funds   el bloqueo de fondos
blocked currency   la moneda bloqueada
blue chip stock   el valor de la más alta categoría
blue collar worker   el obrero
blueprint   el plano
blueprint   la heliografía
board meeting   la reunión de la junta
board of directors   la junta directiva
board room   la sala de conferencias
boards of supervisors   las juntas de inspectores
boiler plate (contract)   la copia literal de contratos legales pasados
bond   el bono, la obligación hipotecaria
bond areas   las áreas de obligación
bond issue   la emisión de bonos
bond power   el título poder
bond rating   la clasificación de bonos
bonded carrier   el transportista asegurado
bonded goods   los bienes afianzados
bonded warehouse   el almacén afianzado
bonus (premium)   la prima
book inventory   el inventario según libros
book value   el valor según libros
book value per share   el valor según libros por accion
bookkeeping   la contabilidad
boom   la prosperidad repentina, la bonanza
border   la frontera
border tax adjustment   el ajuste de los impuestos fronterizos
borrow (v)   pedir prestado
boycott   el boicot

brainstorming   la lluvia de ideas
branch office   la sucursal
brand   la marca de fábrica
brand acceptance   la aceptación de marca
brand image   la imagen de la marca
brand loyalty   la lealtad a la marca
brand manager   el gerente de marca
brand recognition   el reconocimiento de marca
break even (v)   salir sin ganar ni perder
breakeven analysis   el análisis del punto donde los ingresos son iguales a los egresos
breakeven point   el punto donde los ingresos son iguales a los egresos
briefcase   el maletín
broken lot   la partida incompleta, menos de cien acciones
broken stowage   el abarrote, la estiba con vacíos
broker   el corredor, el intermediario
budget   el presupuesto
budget appropriation   la asignación presupuestaria
budget forecast   el presupuesto estimado, el proyecto de presupuesto
bug (defect in computer program)   el defecto en el programa de computación
bull   el alcista
bull market   el mercado de alcistas
burden rate   la carga promedia
bureaucrat   el burócrata
business card   la tarjeta comercial
business activity   la actividad comercial
business cycle   el ciclo económico
business management   la gerencia de negocios
business plan   el plan comercial
business policy   la política comercial
business strategy   la estrategia comercial
buy at best   la compra al mejor
buy back   la recompra
buy back (v)   rescatar
buy on close   comprar al cierre
buy on opening   comprar a la apertura

buy out (v) comprar la parte de
buyer el comprador
buyer credit el crédito del comprador
buyers' market el mercado de compradores
buyers' option la opción del compradors
buyer's premium la prima del comprador
buyer's responsibility la responsabilidad del comprador
by-laws los cstatutos
by-product el subproducto
byte el carácter de memoria

C

cable el cable
cable transfer la transferencia cablegráfica
calculator la calculadora
call (v) (a meeting) convocar junta
call (v) a strike declarar una huelga
call back (v) retirar
call feature el reembolso a la vista
call (v) (in money) pedir la devolución de dinero
call loan el préstamo reembolsable a la vista
call money el dinero a la vista
call option la opción de retiro (bono) anticipadamente
call price el precio de amortización de valores (los bonos antes de vencimiento)
call protection la protección contra la exigibilidad a la vista
call rate el tipo de interés para préstamos diarios
call rule la norma para poder ejercer la exigibilidad a la vista
campaign productivity la productividad de la campaña
cancel (v) cancelar
cancelled check el cheque cancelado
capacity la capacidad
capital el capital
capital account la cuenta de capital
capital allowance la asignación por depreciaciones de capital

capital asset   el activo fijo
capital budget   el presupuesto de gastos de capital
capital expenditure   los gastos de capital
capital expenditure appraisal   el avalúo de gastos de capital
capital exports   las exportaciones de capital
capital gains (losses)   las ganancias (las pérdidas) de capital
capital goods   los bienes de capital
capital increase   el aumento de capital
capital market   el mercado de capital
capital-output ratio   la relación capital-producto
capital spending   los gastos de capital
capital stocks   las acciones de capital
capital structure   la estructura de capital
capital surplus   el excedente de capital
capitalism   el capitalismo
capitalization   la capitalización
career   la profesión
cargo   el cargamento, la carga
carload   la vagonada
carnet   el carnet
carrier   el transportador
carrier's risk   el riesgo del transportador
carry back (v)   devolver, transferir al pasado
carrying value   el valor de acarreo
carryover   la suma pasada al frente
carryover (v)   arrastrar un saldo al siguiente período
cartel   el cártel
cash   el efectivo
cash (v)   hacer efectivo
cash-and-carry   el sistema de pago al contado con el transporte pagado por el comprador
cash balance   el saldo de caja
cash basis   la base de contado, al contado
cash before delivery   el pago en efectivo antes de la entrega
cash book   el libro de caja
cash budget   el presupuesto de caja

cash delivery la entrega al momento y paso en efectivo

cash discount el descuento en efectivo

cash dividend el dividendo en efectivo

cash entry el asiento de caja, la entrada de efectivo

cash flow el flujo de caja

cash flow statement el estado de flujo de caja

cash in advance el efectivo pagado por adelantado

cash management el manejo de caja

cash on delivery el pago de efectivo contra entrega

cash surrender value el valor de rescate (póliza de seguros)

cashier's check el cheque de gerencia

cassette el casette

casualty insurance los seguros contra accidentes

catalogue el catálogo

ceiling el techo

central bank el banco central

central processing unit (computers) la unidad procesadora central

central rate la tasa central

centralization la centralización

certificate el certificado

certificate of deposit el certificado de depósito

certificate of incorporation la escritura de constitución (de una sociedad anónima)

certificate of origin el certificado de origen

certified check el cheque certificado

certified public accountant (C.P.A.) el contador público

chain of command la cadena de mando (la jerarquía)

chain store la cadena de tiendas

Chairman of the Board el presidente de la junta directiva

chamber of commerce la cámara de comercio

channel of distribution el canal de distribución

charge account la cuenta de crédito

charge-off el descargo

charges los cargos

charter el permiso legal para constituir una compañía
chemical químico
chartered accountant el contador público
charterparty agent el agente de póliza de fletes
chattel mortgage la hipoteca sobre bienes muebles
chattels los bienes muebles
cheap barato
check el cheque
check (v) investigar, verificar
checking account la cuenta corriente
checklist la lista de verificación
chief accountant el jefe contador
chief buyer el jefe de compras
chief executive el director ejecutivo, el presidente ejecutivo
civil action la acción civil
civil engineering la ingeniería civil
claim la reclamación
classified ad el aviso clasificado
clean document el documento limpio
clearinghouse la cámara de compensación
closed account (accounting) la cuenta saldada
closely held corporation la compañía cerrada
closing entry (accounting) el asiento de cierre
closing price el precio de cierre
clothing el vestido
co-insurance el coaseguro
co-ownership la copropiedad
coal el carbón
codicil el codicilo
coffee break el descanso
collateral el colateral
colleague el colega
collect on delivery cobrar a la entrega
collection period el período de cobro
collective agreement el convenio de trabajo colectivo
collective bargaining el contrato colectivo, el convenio colectivo

collector of customs el administrador de aduanas
colloquium el coloquio
combination la combinación
combination duty el gravamen combinado, el arancel combinado
commerce el comercio
commercial ad el anuncio publicitario
commercial bank el banco comercial
commercial grade la calidad comercial
commercial invoice la factura comercial
commission (agencies) la junta
commission (agency) el organismo
commission (fee) la comisión
commitment el compromiso
commodity la mercancía
commodity exchange la bolsa, el comercio mercantil
common carrier la empresa de transporte
Common Market el Mercado Común
common stocks las acciones comunes
communism el comunismo
company la compañía
company goal el objetivo de la compañía
company policy la política de la compañía
compensating balance el saldo compensatorio
compensation la indemnización
competition la competencia
competitive advantage la ventaja competitiva
competitive edge la ventaja competitiva
competitive price el precio competitivo
competitive strategy la estrategia competitiva
competitor el competidor
competitor analysis el análisis de la competencia
complimentary copy el ejemplar gratuito
component el componente
composite index el índice compuesto
compound interest el interés compuesto
comptroller el contralor
computer la computadora
computer bank el banco de datos

computer center el centro de computación
computer input los datos-entrada a la computadora
computer language el lenguaje de computación
computer memory la memoria de la computadora
computer output la salida de información de la computadora
computer program la programación de computadora
computer storage el almacenaje de la computadora
computer terminal el terminal de computadora
conditional acceptance la aceptación condicional
conditional sales contract el contrato de ventas condicional
conference room la sala de conferencias
confidential confidencial
confirmation of order la confiscación de pedido
conflict of interest el conflicto de intereses
conglomerate el conglomerado
consideration (bus. law) la deliberación
consignee el consignatario
consignment la consignación
consignment note la carta de consignación
consolidated financial statement el estado financiero consolidado
consolidation la consolidación
consortium el consorcio
consular invoice la factura consular
consultant el consultor
consumer el consumidor
consumer acceptance la aceptación por parte de los consumidores
consumer credit el crédito al consumidor
consumer goods los bienes de consumo
consumer price index el índice de precios al consumidor
consumer research la investigación acerca de los hábitos de consumo
consumer satisfaction la satisfacción del consumidor
container el envase
contingencies las contingencias
contingency fund el fondo de contingencia

contingent liability el pasivo contingente
contract el contrato
contract carrier el transportista de futuros, la empresa de transporte por contrato
contract month el mes de la entrega
controllable costs los gastos controlables
controller el contralor
controlling interest el interés predominante
convertible debentures las obligaciones convertibles
convertible preferred stocks las acciones preferidas convertibles
cooperation agreement el acuerdo de cooperación
cooperative la cooperativa
cooperative advertising la publicidad cooperativa
copy testing la prueba de copia
copy (text) el ejemplar
copyright los derechos de autor
corporate growth el crecimiento corporativo
corporate image la imagen corporativa
corporate planning la planificación corporativa
corporate structure la estructura corporativa
corporation la corporación, la sociedad anónima
corporation tax el impuesto a la corpración
corpus los bienes tangibles
correspondence la correspondencia
correspondent bank el banco corresponsal
cost el costo
cost (v) costear
cost accounting la contabilidad de costos
cost analysis el análisis de costos
cost and freight el costo y flete
cost-benefit analysis el análisis de costos y beneficios
cost control el control de costos
cost-effective (adj) costo efectivo
cost factor el factor de costo
cost of capital el costo de capital
cost of goods sold el costo de ventas
cost of living el costo de vida
cost-plus contract el contrato de costo más tanto fijo

cost-price squeeze la diferencia entre precio y costo tan pequeña que puede originar la quiebra
cost reduction la reducción de costos
cotton el algodón
counter check el talón bancario
counterfeit la falsificación
countervailing duty el arancel compensatorio
country of origin el país de origen
country of risk el país de riesgo
coupon (bond interest) el cupón
courier service el servicio de correo, el servicio de mensajero
covenant (promises) el acuerdo
cover charge el cargo de admisión
cover letter la carta con anexos, la carta de transmisión
cover ratio el porcentaje de cobertura
coverage la cobertura
crawling peg la paridad móvil
credit el crédito
credit (v) acreditar
credit balance el saldo crediticio
credit bank el crédito bancario
credit bureau la oficina de crédito
credit card la tarjeta de crédito
credit control el control de crédito
credit insurance los seguros de créditos
credit line la línea de crédito
credit management la gerencia de crédito
credit note la nota de crédito
credit rating la clasificación de créditos
credit reference la referencia de crédito
credit terms las condiciones de crédito
credit union la unión crediticia
creditor el acreedor
critical path analysis el análisis del camino crítico
cross-licensing la concesión recíproca de licencias
cultural export permit el permiso de exportación cultural

cultural property   las propiedades culturales
cum dividend   el dividendo incluso
cumulative   acumulativo
cumulative preferred stocks   las acciones preferentes acumulativas
currency   el dinero en circulación
currency band   el bono pagadero en moneda nacional
currency clause   la cláusula monetaria
currency conversion   la conversión monetaria
currency exchange   el intercambio monetario
current account   la cuenta corriente
current asset   el activo circulante
current liabilities   los pasivos circulantes
current ratio   el coeficiente de solvencia
current yield   el rendimiento corriente
customer   el cliente
customer service   el servicio al cliente
customs   la aduana
customs broker   el agente de aduana
customs duty   el derecho de aduana
customs entry   la entrada de aduana
customs union   la unión aduanera
cutback   el recorte, la reducción de gastos
cycle billing   la facturación cíclica

D

daily   el diario
dairy products   los productos lácteos
damage   los daños y perjuicios
data   los datos, la información particular a computadoras
data acquisition   la adquisición de datos
data bank   el banco de datos
data base   la base de datos
data processing   la elaboración de los datos
date of delivery   la fecha de entrega
day loan   el préstamo diario
day order (stock market)   la orden que caduca después de un día

dead freight el falso flete
dead rent la parte de renta reservada para uso futuro
deadline el plazo, el término
deadlock el estancamiento, el impase
deal el negocio
deal (v) comerciar
dealer el comerciante, el detallista, el negociante
dealership el comercio, el negocio
debentures las obligaciones (sinónimo genérico de deuda)
debit el cargo, el débito
debit entry el asiento en el debe, el débito
debit note la nota de débito
debt la deuda
debug (v) corregir
deceit el engaño
deductible deducible
deduction la deducción
deed la escritura
deed of sale el contrato de ventas
deed of transfer el contrato de traspaso
deed of trust la escritura de fideicomiso
default (v) faltar, incumplir
defective defectuoso
deferred annuities las anualidades diferidas
deferred assets los cargos diferidos, los activos diferidos
deferred charges los cargos diferidos
deferred deliveries las entregas diferidas
deferred income los ingresos diferidos
deferred liabilities los pasivos diferidos
deferred taxes los impuestos diferidos
deficit el déficit
deficit financing el financiamiento mediante déficit
deficit spending los gastos deficitarios
deflation la deflación
delay el retardo
delinquent account la cuenta atrasada
delivery la entrega

delivery date   la fecha de entrega
delivery notice   el aviso de entrega
delivery points   los puntos de entrega
delivery price   el precio de entrega
demand   la demanda
demand (v)   demandar
demand deposit   el depósito a la vista
demand line of credit   la línea de crédito a la vista
demographic   demográfico
demotion   el degrado, el descenso
demurrage   la demora, los gastos de estadía
department   el departamento
department store   el gran almacén, la tienda por departamentos
depletion accounting   la contabilidad de agotamiento
depletion control   el control de agotamiento
deposit   el depósito
deposit account   la cuenta de depósito
depository   la depositaria
depreciation   la depreciación
depreciation allowance   la provisión para depreciación, la reserva para depreciación
depreciation of currency   la depreciación de la moneda
depression   la depresión
depth analysis   el análisis del puntal de arqueo
deputy chairman   el presidente delegado
deputy manager   el asistente al gerente
design engineering   la ingeniería de diseño
devaluation   la devaluación
differential tariffs   las tarifas diferenciales
digital   digital
digital computer   la computadora digital
direct access storage   el almacenaje por acceso directo
direct cost   el costo directo
direct expenses   los gastos directos
direct investments   las inversiones directas
direct labor (accounting)   la mano de obra directa

direct mail   el correo directo
direct paper   el documento directo
direct quotation   la cotización directa
direct selling   la venta directa
director   el director
disadvantage   la desventaja
disbursement   el desembolso, el egreso
discharge (v)   descargar, despedir
discount   el descuento
discount rate   el tipo de descuento
discount securities   las valores descontados
discounted cash low   el flujo de caja descontado
discounting   el proceso de descontar
discretionary account   la cuenta discrecionaria
discretionary order   la orden discrecionaria
dishonor (as a check)   no aceptar
disincentive   el desincentivo, la falta de incentivo
disk   el disco
disk drive   el impulsor de discos
dispatch   el envío, el mensaje
disposable income   los ingresos disponibles
dispute   el debate, el pleito, la discusión
dispute (v)   debatir, discutir, disputar
distribution costs   los costos de distribución
distribution network   la red de distribución
distribution policy   la política de distribución
distributor   el distribuidor
diversification   la diversificación
divestment   el despojamiento
dividend   el dividendo
dividend yield   el rendimiento del dividendo
division of labor   la división del trabajo
dock handling charge   el cargo de muelle por desembarco
dock (ship's receipt)   el muelle (el recibo de muelle)
document   el documento
dollar cost averaging   el promedio de costo en dólares
domestic bill   la letra sobre el interior

domestic corporation   la compañía doméstica

door-to-door (sales)   de puerta en puerta (ventas)

double dealing   el engaño

double-entry bookkeeping   el mantenimiento de libros por partida doble, la contabilidad de partida doble

double-pricing   el precio doble

double taxation   la tributación doble

double time   el tiempo cortado a la mitad

down payment   el pago inicial

down period   el período de baja

down the line   en el futuro

downswing   la fase descendante

downtime   el tiempo muerto, el período de paralización

downturn   el receso ecónomico

draft   la letra de cambio

drawback   el descuento, la rebaja

drawee   el girado, el librado

drawer (of a check)   el girador, el librador

drayage   el carretaje, el acarreo

drop shipment   el despacho directo del fabricante al detallista

dry cargo   la carga seca

dry goods   las mercancías secas o finas

dumping goods in foreign markets   la inundación del mercado con precios por debajo del costo

dunnage   el abarrote

duopoly   el duopolio

durable goods   los bienes durables

duress   la compulsión

duties   los derechos, los impuestos

duty   el arancel

duty ad valorem   los impuestos ad valorem

duty free   libre de impuestos

E

earmark (v)   reservar

earnings   las ganancias, las utilidades

earnings on assets   las ganancias sobre los activos
earnings per share   la utilidad por acción
earnings performance   el comportamiento de las ganancias
earnings report   el informe de ganancias
earnings yield   el rendimiento de las ganancias
econometrics   la econometría
economic   económico
economic indicators   los indicadores económicos
economic life   la vida económica
economic order quantity   el lote ordenado económico
economics   la economía
economy of scale   la economía de escala
effective yield   el rendimiento efectivo
efficiency   la eficiencia
electrical engineering   la ingeniería eléctrica
electronic whiteboard   el pizarrón electrónico
embargo   el embargo
embezzlement   el desfalco
employee   el empleado
employee counseling   la asesoría de empleados
employee relations   las relaciones entre empleados
employment agency   la agencia de empleos
encumbrance   el gravamen
end of periods   el final del período
end product   el producto final
end-use certificate   el certificado de uso final
endorsee   el endosatario
endorsement   el endoso
endowment   la dotación
engineering   la ingeniería
engineering and design department   el departmento de ingeniería y diseño
enlarge (v)   ampliar
enterprise   la empresa
entrepreneur   el empresario
entry   la entrada
entry permit   el permiso de declaración, el permiso de entrada

equal pay for equal work   a igual trabajo - igual salario
equipment   el equipo
equipment leasing   el alquiler de equipo
equity   el valor líquido, los recursos propios
equity investment   la inversión en acciones
equity share   la participación accionaria
ergonomics   la ergonomía
error   el error
escalator clause   la cláusula sobre el tipo de salario, alquiler, etc.
escape clause   la cláusula de escape
escheat   la confiscación
escrow   el convenio escrito en el que intervienen tres personas: el otorgante, el cesionario, y el depositatio
escrow account   la cuenta de plica
estate   el patrimonio, la fortuna, la herencia
estate agent   el corredor de bienes raíces
estate tax   el impuesto sucesorio
estimate   la estimación
estimate (v)   estimar
estimated price   el precio estimado
estimated time of arrival   el tiempo estimado (la hora estimada) de llegada
estimated time of departure   el tiempo estimado (la hora estimada) de salida
Eurobond   el eurobono
Eurocurrency   la euromoneda
Eurodollar   el eurodólar
evaluation   la evaluación
ex dividend   sin dividendo
ex dock   franco en el muelle, puesto en el muelle
ex factory   franco en fábrica
ex mill   en fábrica
ex mine   en la mina
ex rights   sin derechos
ex ship   puesto en buque, ex buque
ex warehouse   franco en almacén
exchange   el cambio
exchange (v)   cambiar, intercambiar

exchange control el control de cambio
exchange discount el descuento cambiario
exchange loss la pérdida por conversión de moneda
exchange rate el tipo de cambio
exchange risk el riesgo de cambio
exchange value el valor de cambio
excise duties los impuestos indirectos
excise license el permiso impositivo
excise tax el impuesto al consumo, el impuesto sobre ventas
executive el ejecutivo
executive board la junta ejecutiva
executive committee el comité ejecutivo
executive compensation la compensación del ejecutivo
executive director el director ejecutivo
executive secretary el secretario ejecutivo
executive search la búsqueda de ejecutivos
executor el ejecutor testamentario
exemption la exención
expected results los resultados esperados
expenditure la erogación
expense account la cuenta de gastos
expenses los gastos
expiry date la fecha de vencimiento
export (v) exportar
export agent el agente de exportaciones
export credit el crédito de exportación
export duty el impuesto de exportación, los derechos de exportación
export entry la declaración de exportaciones
export house la casa exportadora
export-import bank el banco de exportaciones-importaciones
export manager el gerente de exportaciones
export middleman el intermediario de exportaciones
export permit el permiso de exportación
export quota la cuota de exportación
export regulations las regulaciones de exportación

export sales contract   el contrato de venta de las exportaciones
export taxes   los impuestos de exportación
expropriation   la expropriación
extra dividends   los dividendos extras

F

face value   el valor nominal
facilities   las instalaciones
fact sheet   la hoja de acontecimientos
factor   el factor
factor (v)   factorizar
factor analysis   el análisis factorial
factor cost   el costo de factores
factor, load   el factor de carga
factor rating   la clasificación según factores
factory   la fábrica
factory overhead   los gastos generales de fabricación
fail (v)   fracasar
failure   el fracaso
fair market value   el justo valor de mercado
fair return   el retorno razonable
fair trade   las prácticas comerciales justas
farm out (v)   subcontratar
feed ratio   la relación de alimentación
feedback   la retroalimentación
fidelity bond   la fianza de fidelidad
fiduciary   el fiduciario
fiduciary issue   la emisión fiduciaria
fiduciary loan   el préstamo fiduciario
field warehousing   el almacenaje provisorio
file   el archivo
finalize (v)   finalizar
finance (v)   financiar
finance company   la compañía financiera
financial analysis   el análisis financiero
financial appraisal   el avalúo financiero
financial control   el control financiero
financial director   el director financiero

financial highlights los elementos sobresalientes financieros
financial incentive el incentivo financiero
financial management la gerencia financiera
financial period el ejercicio (periódo) financiero
financial planning la planificación financiera
financial services los servicios financieros
financial statement el estado financiero
financial year el ejercicio financiero
fine la multa
finished goods inventory el inventario de bienes terminados
fire (v) despedir del trabajo
firm la empresa, la firma
first in-first out el primero que entra-el primero que sale
first preferred stocks las acciones preferidas de primera
fiscal agent el agente fiscal
fiscal drag la lastre fiscal
fiscal year el año fiscal
fixed assets los activos fijos
fixed capital el capital fijo
fixed charges los cargos fijos
fixed costs los costos fijos
fixed expenses los gastos fijos
fixed income security el valor de renta fija
fixed investment la inversión fija
fixed liabilities los pasivos a largo plazo
fixed rate of exchange el tipo de cambio fijo
fixed term el plazo fijo
fixture (on balance sheet) el préstamo a plazo fijo
flat bond el bono sin intereses
flat car el vagón batea
flat rate la tasa uniformal
flat yield el rendimiento fijo (uniforme)
fleet policy la póliza de flotilla
flexible tariff la tarifa flexible
float (outstanding checks) los cheques cobrados y no abonados

float (v) (issue stock) emitir valores
floater la póliza que protege contra pérdidas
floating asset el activo flotante
floating charge el cargo variable
floating debt la deuda flotante
floating exchange rate el tipo de cambio flotante
floating rate la tasa flotante
floor (of exchange) la sala de operaciones de bolsa
floppy disk el disco flexible
flow chart el diagrama de flujo
follow up (v) seguir
follow-up order la continuación del pedido
foodstuffs los productos alimenticios
footing (accounting) el total de una columna
for export para exportar, para la exportación
for forwarding para la entrega futura
force majeure la fuerza mayor
forecast el pronóstico, la estimación
forecast (v) estimar, pronosticar
foreign bill of exchange las letras de cambio extranjeras
foreign corporation (to country) la compañía extranjera
foreign corporation (to region) la compañía foránea
foreign currency la moneda extranjera
foreign debt la deuda extranjera
foreign exchange el cambio exterior, la moneda extranjera, las divisas
foreign securities las valores extranjeros
foreign tax credit la deducción por impuestos pagados en el exterior
foreign trade el comercio exterior
foreman el capatáz
forgery la falsificación
form letter la carta modelo
format el formato
fortune la fortuna
forward contract el contrato a futuro
forward cover la cobertura a futuro
forward margin el margen al futuro

forward market   el mercado futuro
forward purchase   la compra a futuro
forward shipment   el embarque futuro
forwarding agent   el agente expedidor
foul bill of lading   el conocimiento de embarque con reservas
franchise   la franquicia
fraud   el engaño, el fraude
free alongside ship   libre al costado del vapor
free and clear   libre de gravamen
free enterprise   la libre empresa
free list (commodities without duty)   la lista de artículos exentos des derechos
free market   el mercado libre
free market industry   la industria del mercado libre
free of particular average   libre de avería particular
free on board   franco a bordo
free on rail   libre sobre carril
free port   el puerto libre
free time   el tiempo libre
free trade   el libre comercio
free trade zone   la zona de cambio libre
freeboard   la obra muerta
freelance   el hombre independiente
freight   el flete
freight all kinds (v)   fletar todas las especies
freight allowed to...   porte a... incluso
freight collect   el flete por cobrar
freight forwarder   el expedidor de fletes, la empresa de transporte
freight included   el flete incluído
freight prepaid   el flete pagado por adelantado
frequency curve   la curva de frecuencia
fringe benefits   los beneficios adicionales al sueldo, las prestaciones adicionales al sueldo
fringe market   el mercado marginal
front-end fee   el cobro adelantado
front-end financing   el financiamiento adelantado
front-end loading   el cargamento por la puerta delantera

frozen assets los activos congelados
full settlement el pago total, el arreglo total
functional analysis el análisis funcional
fund el fondo
funded debt la deuda con vencimiento de más de un año
fungible goods los bienes fungibles
futures los futuros
futures option la opción a futuro

G

garnishment el emplazamiento
gearing el ratio de deuda con interés fijo a intereses más la deuda
gearless sin cambios
general acceptance la aceptación general
general average loss la pérdida general promedio
general manager el gerente general
general meeting la reunión general
general partnership la sociedad general (en nombre colectivo)
general strike la huelga general
gentleman's agreement (verbal) el acuerdo de caballeros (verbal)
gilt (British govt securities) los bonos de Tesorería Británica
glut la inundación, la saturación
go around (v) dar la vuelta
go public (v) abrir la compañía
going concern value el valor de la empresa en marcha
going rate (or price) el precio actual
gold clause la cláusula de oro
gold price el precio del oro
gold reserves las reservas de oro
gold standard el patrón oro
good delivery (securities) la buena entrega (de valores)
good will el crédito mercantil
goods las mercancías, los bienes
government el gobierno

government agency la agencia gubernamental
government bank el banco gubernamental
government bonds los bonos del gobierno
grace period el período de gracia
graft el soborno
grain el grano
grant an overdraft (v) conceder un sobregiro
graph la gráfica
gratuity la propina
gray market el mercado gris
grievance procedure el manejo de quejas
gross domestic product el producto territorial bruto
gross income los ingresos brutos
gross investment la inversión bruta
gross loss la pérdida bruta
gross margin el beneficio bruto, el margen bruto
Gross National Product (G.N.P.) el producto nacional bruto
gross price el precio bruto
gross profit la utilidad bruta, el beneficio bruto
gross sales las ventas brutas
gross spread la diferencia bruta
gross weight el peso bruto
gross yield el rendimiento bruto
group account la cuenta colectiva, la cuenta mancomunada
group dynamics la dinámica de grupo
group insurance los seguros colectivos
growth el crecimiento
growth index el índice de crecimiento
growth industry la industria creciente
growth potential el potencial para crecimiento
growth stocks las acciones de crecimiento
guarantee la garantía
guaranty bond la fianza
guaranty company la compañía de fianzas
guessmate la estimación aproximada
guidelines las direcciones, las indicaciones

H

half-life (bonds)   el período medio
handicap   el obstáculo, la desventaja
handler   el manejador
harbor dues   los derechos portuarios
hard copy   la copia de tapa dura
hard currency   la moneda estable, la moneda fraccionaria
hard sell   la venta atosigante
hardware   la circuitería física
head office   la casa matriz
headhunter   el reclutador de ejecutivo, la selección de directivos de otras empresas
headload   la carga delantera
headquarters   la casa matriz, la oficina principal
heavy industry   la industria pesada
heavy lift charges   los recargos por bultos pesados
hedge (v)   evitar las pérdidas ocasionadas por las fluctuaciones de precios
hidden assets   los activos escondidos
high technology firm   la empresa de alta tecnología
highest bidder   el mejor postor
hire (v)   contratar
hoard (v)   atesorar
holder in due course   el tenedor legítimo
holder of negotiable instruments   el portador
holding company   la compañía matriz, la sociedad inversionista controladora
holding period   el período de posesión
home market   el mercado doméstico
hot money   el dinero caliente
hourly earnings   los ingresos por hora
housing authority   la autoridad de vivienda
human resources   el personal, los recursos humanos
hybrid computer   la computadora híbrida
hyphenate (v)   meter guión para separar sílabas
hypothecation   la hipoteca

I

idle capacity   la capacidad ociosa
illegal   ilegal
illegal shipments   los embarques ilegales
imitation   la imitación
impact on (v)   impactar
impending changes   los cambios inminentes
implication   la implicación
implied agreement   el acuerdo implícito
import   la importación
import (v)   importar
import declaration   la declaración de importación
import deposits   los depósitos de importación
import duty   el arancel de importación
import entry   el asiento de importación
import license   la licencia de importación
import quota   la cuota de importación
import regulations   las regulaciones de importación
import tariff   el arancel de importación
import tax   el impuesto de importación
importer of record   el importador vigente
impound (v)   incautar
improve upon (v)   mejorar
improvements   las mejoras
impulse buying   la compra impulsiva
imputed   imputado
in reply to   en respuesta a
in the red   endeudado
in transit   en tránsito
inadequate   insuficiente
incentive   el incentivo
inchoate interest   el interés incoado
incidental expenses   los gastos menudos
income   los ingresos
income account   la cuenta de ingreso
income bonds   los bonos de ganancias
income bracket   el tramo de ingresos

income statement el estado de ganancias y pérdidas
income tax el impuesto sobre la renta
income yield el rendimiento de las ganancias
incorporate (v) constituir, incorporar
increase el aumento
increase (v) incrementar
increased costs los costos incrementados
indebtedness el endeudamiento
indemnity la indemnización
indenture el documento
index (indicator) el índice
index-linked guaranteed minimum wage el salario mínimo garantizado por indexación
index option la opción de índice
indexing la indexación
indirect claim el reclamo indirecto
indirect cost el costo indirecto
indirect expenses los gastos indirectos
indirect labor la mano de obra indirecta
indirect tax el impuesto indirecto
industrial accident el accidente industrial
industrial arbitration el arbitraje industrial
industrial engineering la ingeniería industrial
industrial goods los bienes industriales
industrial insurance el seguro industrial
industrial planning la planificación industrial
industrial relations las relaciones industriales
industrial union el sindicato industrial
industry la industria
industry-wide por toda la industria
inefficient ineficiente
inelastic demand or supply la demanda o oferta inelástica
infant industry la industria naciente
inflation la inflación
inflationary inflacionista
infrastructure la infraestructura
inheritance tax el impuesto sucesorio

injunction la prohibición judicial
inland bill of lading el conocimiento de transporte interior
innovation la innovación
input el insumo, la entrada
input-output analysis el análisis de entradas y salidas
insolvent insolvente
inspection la inspección
inspector el inspector
instability la inestabilidad
installment credit el crédito a plazos
installment plan el plan de venta a plazos
institutional advertising la publicidad institucional
institutional investor el inversionista institucional
instrinsic value el valor intrínsico
instruct instruir
instrument el documento, el instrumento
insurance los seguros
insurance broker el corredor de seguros
insurance company la compañía aseguradora
insurance fund el fondo de seguros
insurance policy la póliza de seguros
insurance premium la prima de seguros
insurance underwriter el asegurador
intangible asset el activo intangible
integrated management system el sistema gerencial integrado
interact (v) obrar recíprocamente
interbank entre bancos
interest el interés
interest arbitrage el arbitraje de interés
interest expenses los gastos de interés
interest income los ingresos por intereses
interest parity la paridad de interés
interest period el período de interés
interest rate la tasa de interés
interface (v) comunicar
interim el interino, provisional
interim budget el presupuesto provisional

interim statement el estado intermedio
interlocking directorate el directorio entrelazado
interstate commerce el comercio interestatal
intermediary el intermediario
intermediary goods los bienes intermedios
internal interior, interno
internal audit la auditoría interna
internal funding la financiación interna
internal rate of return la tasa interna de retorno
International Date Line la línea de Fecha International
interstate interestatal
intervene (v) intervenir
interview la entrevista
intestate sin testar
invalidate (v) invalidar
inventory el inventario
inventory control el control del inventario
inventory turnover la rotación del inventario
inverted market el mercado invertido (inverso)
invest (v) invertir
invested capital el capital invertido
investment la inversión
investment adviser el consejero sobre inversiones
investment analysis el análisis de inversiones
investment appraisal el avalúo de inversiones
investment bank el banco inversionista
investment budget el presupuesto de inversión, el presupuesto inversionista
investment company la compañía inversionista
investment credit el crédito para gastos de capital
investment criteria el criterio para invertir
investment grade el grado de inversión
investment letter la carta de inversión
investment policy la política de inversión
investment program el programa de inversión
investment strategy la estrategia inversionista
investment trust la compañía de inversiones
investor relations las relaciones con inversionistas

invisible invisible
invitation to bid la invitación a concurso
invoice la factura
invoice cost el costo de factura
issue (stock) la emisión
issue (v) emitir
issue price el precio de emisión
issued shares las acciones emitidas
item la partida
itemize (v) detallar, pormenorizar
itemized account la cuenta detallada

J

Jason Clause la cláusula que cubre las pérdidas por defectos propios del buque o mercancías
jawbone (economics) la economía de aficionados
jet lag el cansancio debido al vuelo
jig (production) el guía para fabricar piezas idénticas
job el trabajo
job analysis la valoración, el análisis del trabajo
job description la descripción del trabajo
job evaluation la evaluación del trabajo
job hopper el trabajador que cambia de un puesto a otro
job lot la partida a precio gobal
job performance el rendimiento en el trabajo
job search buscar trabajo
jobber el comerciante, el mayorista
jobber's turn el curso del comerciante
joint account la cuenta mancomunada (en participación)
joint cost el costo colectivo
joint estate los bienes raíces comuneros
joint liability la responsabilidad mancomunada, la responsabilidad solidaria
joint owner el coproprietario
joint ownership la propiedad conjunta
joint stock company la sociedad en comandita por acciones
joint venture el negocio en participación

journal   el diario
journeyman   el artesano, el jornalero
joy ride   la excursión de placer
joystick   la palanca de juegos
job analysis   el análisis del trabajo
junior partner   el socio menor
junior security   el valor secundario
jurisdiction   la jurisdicción

K

keep posted (v)   mantener al corriente
key exports   las exportaciones esenciales
key-man insurance   el seguro que cubre los riesgos de un directivo
Keynesian economics   la economía keynesiana
keypunch (v)   teclar (la computadora)
kickback   el pago ilegal para incumplir algunas condiciones de un contrato
kiting checks (banking)   la circulación de cheques en descubierto
knot (nautical)   el nudo
know-how   los conocimientos técnicos especializados
knowledge   el conocimiento

L

labor   el labor, el trabajo
labor code   la legislación del trabajo, el código de trabajo
labor dispute   la discusión laboral
labor force   la fuerza laboral
labor freeze   el conflicto laboral
labor-intensive   trabajo-intensivo
labor law   la ley del trabajo
labor leader   el líder laboral
labor market   el mercado laboral
labor relations   las relaciones laborales
labor-saving   que ahora trabajo
labor turnover   la rotación de personal
labor union   el sindicato laboral
laborer   el obrero, el trabajador

lagging indicator el indicador de rezago
laissez-faire dejar hacer
land las tierras
land grant la concesión de tierras
land reform la reforma agraria
land taxes los impuestos sobre tierras
landed costs el costo descargado
landing certificate el certificado de desembarque
landing charges los cargos de desembarco
landing costs los costos de desembarco
landowner el terrateniente
large-scale en gran escala
lash el latigazo
last in-first out el inventario a costos más viejos, últimas entradas-primeras salidas
law la ley
law of diminishing returns la ley de rendimientos decrecientes
lawsuit el juicio, el pleito legal
lawyer el abogado
lay days los días de estadía
lay-off el despido
lay time los días de estadía
lay up (v) acumular
layout la organización
lead time el tiempo de anticipación
leader el jefe, el líder
leading indicator el indicador anticipado
leads and lags los adelantos y retrasos
leakage la filtración
learning curve la curva del aprendizaje
lease el alquiler, el arrendamiento
leased department el departamento arrendado
leave of absence la ausencia por permiso
ledger el libro mayor
ledger account la cuenta del mayor
ledger entry la entrada en el libro mayor, el asiento del mayor
legacy el legado

legal capital el capital legal

legal entity la persona jurídica

legal holiday el día festivo legal

legal investment la inversión legal

legal monopoly el monopolio legal

legal tender la moneda de curso legal, el billete de moneda de curso legal

lending firm la empresa líder, la empresa de crédito

lending margin el margen de prestación

less-than-a-carload menos que un vagón completo

less-than-a-truckload menos que un camión completo

lessee el arrendatario

lessor el arrendador

letter la carta

letter of credit la carta de crédito

letter of guaranty la carta de garantía

letter of indemnity la garantía de indemnización

letter of introduction la carta de presentación

level out (v) nivelar

leverage el impulso debido a la emisión de deuda

levy taxes (v) imponer contribuciones

liability el pasivo

liability for tax sujeto a impuesto

liability insurance los seguros de responsabilidad civil

liable to obligado a, sujeto a

liaison el enlace

libel la calumnia

license la licencia

license fees los derechos de la licencia

licensed warehouse el almacén autorizado

lien el gravamen, la hipoteca

life cycle (of a product) el ciclo de duración (de un producto)

life insurance policy la póliza de seguro de vida

life member el miembro de por vida

life of a patent la vida de una patente

lighterage los gastos de lanchaje

limit order (stock market) la orden con precio prefijado
limited liability la responsabilidad limitada
limited partnership la sociedad limitada
line executive el ejecutivo de la organización
line management la gerencia en línea
line of business la línea de negocios
lineal estimation la estimación lineal
linear lineal
linear programming la programación lineal
linear terms los términos lineales
liquid assets los activos líquidos, los activos de fácil realización
liquidation la liquidación
liquidation value el valor de liquidación
liquidity la liquidez
liquidity preference la preferencia por la liquidez
liquidity ratio el índice de liquidez
list price el precio de catálogo
listed securities las valores bursátiles (escritos en la bolsa)
listing el listado
litigation la litigación
living trust el fideicomiso inter vivos
load (sales charge) los cargos (sobre ventas)
load factor el coeficiente de cargamento
loan el préstamo
loan stocks las acciones prestadas
lobbying el cabildeo
local customs los costumbres locales
local taxes los impuestos locales
lock in (rate of interest) (v) aprovechar el tipo de interés vigente, fijar el tipo de interés
lockout el paro forzoso
logistics la logística
logo el logotipo
long hedge la compra compensadora, la protección al que ha comprado algo
long-range plan la planificación de largo plazo

long-term capital account la cuenta de capital a largo plazo
long-term debt la deuda a largo plazo
long-term interest el interés a largo plazo
long ton la tonelada de 2240 libras
loss la pérdida
loss leader el artículo barato para atraer clientes
loss-loss ratio la relación entre prima y pérdidas
lot el lote, la cuota, la partida
low-income de ingresos bajos
low-interest loans los préstamos a bajo interés
low-yield bonds los bonos de rendimiento bajo
lump sum la suma global
luxury goods los bienes de lujo
luxury tax el impuesto sobre lujos

M

machinery la maquinaria
macroeconomics la macroeconomía
magnetic memory la memoria en cinta magnética
magnetic tape la cinta magnética
mail order el pedido hecho por correo
mailing list la planilla de direcciones
mainframe computer la computadora principal
maintenance el mantenimiento
maintenance contract el contrato de mantenimiento
maintenance margin el margen de mantenimiento
maize el maíz
majority interest el interés mayoritario
make available (v) hacer disponible
make-or-buy decision la decisión de hacer o comprar
make ready (v) preparar
maker (of a check, draft) el girador
makeshift provisional
man hour la hora-hombre
manage (v) dirigir, gerenciar
managed costs los costos controlados
managed economy la economía controlada

management la gerencia, la administración

management accounting la contabilidad administrativa

management by objectives la administración por medio de objetivos

management chart el organigrama gerencial

management consultant el consultor gerencial

management fee el honorario de administración

management group el grupo administrativo, el grupo gerencial

management team el equipo administrativo, el equipo gerencial

management la administración

manager el gerente

mandate el mandato

mandatory redemption la amortización obligatoria

manifest el manifiesto

manmade fibers las fibras artificiales

manpower la fuerza de trabajo

manual workers los obreros manuales

manufacturer el fabricante

manufacturer's agent el agente del fabricante

manufacturer's representative el representante del fabricante

manufacturing capacity la capacidad de manufacturación

manufacturing control el control de fabricación, el control de manufactura

margin call la demanda para margen adicional

margin of safety el margen de seguridad

margin requirements las estipulaciones del margen

marginal account la cuenta marginal

marginal cost el costo marginal

marginal pricing la valoración marginal

marginal productivity la productividad marginal

marginal revenue los ingresos marginales

marine or maritime cargo insurance los seguros de cargo marítimo

marine underwriter el suscritor de seguro marítimo

maritime contract el contrato marítimo

markdown   la reducción de precio
market   el mercado
market (v)   mercadear
market access   el acceso al mercado
market appraisal   el avalúo de mercado
market concentration   la concentración en el mercado
market dynamics   la dinámica del mercado
market forces   los factores del mercado
market forecast   la predicción del mercado
market index   el índice del mercado
market-maker (securities)   el comprador de valores para su propia cuenta y de su cuenta
market management   la administración del mercado
market penetration   la penetración al mercado
market plan   el plan del mercado
market position   el estado del mercado
market potential   el potencial en el mercado
market price   el precio del mercado
market rating   la clasificación de un mercado, la clasificación del mercado
market report   el informe del mercado
market research   las investigaciones del mercado
market saturation   la saturación del mercado
market share   la participación en el mercado
market survey   el estudio del mercado
market trends   las tendencias del mercado
market value   el valor del mercado
marketable securities   las valores comerciables
marketing   el marketing, el mercadeo
marketing budget   el presupuesto de mercadeo
marketing concept   el concepto de mercadeo
marketing plan   el plan del mercado
marketplace   el mercado
markup   el margen de ganancias, el aumento de precio
mass communications   la comunicación de masas
mass media   los medios públicos de comunicación
mass production   la fabricación en serie

matched samples las muestras que hacen juego
materials los materiales
maternity leave la ausencia por permiso de maternidad
mathematical model el modelo matemático
matrix management la gerencia matricial
maturity el vencimiento
maturity date la fecha de vencimiento
maximize (v) llevar al máximo
mean el promedio
measure (v) medir
mechanic's lien el promedio, el gravamen de constructor
mechanical engineering la ingeniería mecánica
median la mediana
mediation la mediación
medium (term) el plazo intermedio
medium of exchange el medio de cambio
meet the price pagar el precio
meeting la reunión
member firm la empresa asociada
member of firm el miembro de la empresa
memorandum el memorándum, la nota
mercantile mercantil
mercantile agency la agencia mercantil
mercantile law el derecho mercantil
merchandise las mercancías
merchant el comerciante
merchant bank el banco mercantil, la casa de aceptaciónes
merchant guild el gremio mercantil
merger la fusión de empresas
message el mensaje
metals los metales
method el método
metrification la adopción del sistema métrico
michrochip la microficha
microcomputer la microcomputadora
microfiche el microfichero

microfilm la micropelícula
microprocessor el microprocesador
middle man el intermediario
middle management la gerencia intermediaria
milling (grain) la molienda
milling (wood) el fresado
minicomputer la minicomputadora
minimum reserves las reservas mínimas
minimum wage el salario mínimo
minority interests los intereses minoritarios
mint la casa de moneda, la emisión de moneda
mint (v) acuñar, imprimir
miscalculation el cálculo erróneo, el mal cálculo
miscellaneous misceláneo
misleading engañoso
misunderstanding la mala interpretación, el malentendido
mixed cost el costo mixto
mixed sampling la muestra mixta
mobility of labor la movilidad laboral
mock-up la maqueta
mode la moda
model el modelo
modern moderno
modular production la producción modular
monetary base la base monetaria
monetary credits los créditos monetarios
monetary policy la política monetaria
money el dinero, la moneda
money broker el corredor de dinero
money exchange la tienda de moneda
money manager el gerente monetario
money market el mercado monetario
money order el giro postal
money supply la oferta de dinero
monitor el monitor
monopoly el monopolio
monopsony el monopsonio

Monte Carlo techniques las técnicas de Monte Carlo
moonlighting el pluriempleo
morale la moral
moratorium la moratoria
mortgage la hipoteca
mortgage bank el banco hipotecario
mortgage bond el bono hipotecario
mortgage certificate el título de hipoteca
mortgage debenture la obligación hipotecaria
most-favored nation el país más favorecido
motion la moción
motivation study el estudio de la motivación
movement of goods el transporte de mercancías
moving average el promedio móvil
moving expenses los gastos de mudanzas
moving parity la paridad móvil
multicurrency la multiplicidad de monedas
multilateral agreement el acuerdo multilateral
multilateral trade el comercio multilateral
multinational corporation la empresa multinacional
multiple exchange rate el tipo de cambio múltiple
multiple taxation la imposición múltiple de impuestos
multiples los múltiplos
multiplier el multiplicador
multiprogramming la programación múiple
municipal bond el bono municipal
mutual fund el fondo mutuo
mutual savings bank el banco de ahorro mutuo
mutually exclusive classes las clases mutuamente excluyentes

N

named inland point of importation el punto interior designado de importación
named point of destination el punto de destino designado
named point of exportation el punto de exportación designado
named point of origin el punto de origen designado

named port of importation el puerto de importación designado
named port of shipment el puerto de embarque designado
national bank el banco nacional
national debt la deuda nacional
nationalism el nacionalismo
nationalization la nacionalización
native produce los productos agrícolas naturales
natural resources los recursos naturales
near money el cuasi-dinero
needs analysis el análisis de las necesidades
negative cash flow el flujo de caja negativo
negative pledge la pignoración
negligent negligente
negotiable negociable, transmisible
negotiable securities las valores negociables
negotiate (v) gestionar, negociar
negotiated sale la venta negociada, la venta otorgada sin competencia
negotiation la negociación
net neto
net asset value el valor del activo neto
net borrowed assets los activos prestados netos
net borrowed reserves las reservas prestadas netas
net cash flow el flujo de caja neto
net change el cambio neto
net income el ingreso neto
net investment la inversión neta
net loss la pérdida neta
net margin el beneficio neto, el margen neto
net position (of a trader) la posición neta
net present value el valor presente neto
net profit el beneficio neto, la utilidad neta
net sales las ventas netas
net working capital el capital de trabajo neto
net worth el capital neto
network la red
network (v) desarrollar relaciónes comerciales

new issue la nueva emisión
new money el dinero nuevo
new product development el desarrollo de un nuevo producto
net asset el activo neto
net equity asset el activo de propiedad neto
night depository el depósito nocturno
no par value sin valor nominal
no problem no hay problema
nominal price el precio nominal
nominal yield el rendimiento nominal
noncumulative preferred stocks las acciones preferentes no acumulativas
noncurrent asset el activo no circulante
nondurable goods los bienes no duraderos
nonfeasance la falta de cumplimiento
nonmember no es miembro de
nonprofit con fines no lucrativos, no lucrativo
nonresident no residente
nonvoting stocks las acciones sin derechos de votar
norm la norma
not otherwise indexed by name no archivado por nombre en cualquier otra form
notary el notario público
notes payable las cuentas por pagar
notes receivable las cuentas por cobrar
novation la novación
null and void nulo y sin valor
nullify (v) anular, invalidar
numerical control el control numérico

O

obligation la obligación
obsolence la antigüedad, la obsolescencia
occupation la ocupación, la profesión
ocupational hazard el riesgo ocupacional
odd lot broker el corredor de menos de cien acciones
odd lots las acciones de menos de centenas
off board (stock market) fuera de la bolsa

off line   desalineado, fuera de línea
off the books   fuera de los libros, cancelado en los libros
offer (v)   ofrecer
offer for sale (v)   ofrecer en venta
offered price   el precio de oferta, el precio de venta
offered rate   el tipo de oferta, el tipo ofrecido
office   la oficina
office management   la administración de la oficina
official paper   el documento
offset printing   la imprenta por offset
offshore company   la sucursal situada fuera del país donde reside la casa matriz
oligopoly   el oligopolio
oligopsony   el oligopsonio
omit (v)   excluir, suprimir
on account of   a cuenta de
on consignment   el embarcado en consignación
on demand   a presentación
on line   en línea
on the back   en el reverso
on-the-job training   el aprendizaje por rutina
open account   la cuenta abierta
open cover   el efectivo para cubrir letras en blanco
open door policy   la política de puerta abierta
open market   el mercado abierto
open market operations (money policy)   las operaciones del mercado abierto
open order   el pedido abierto, la orden abierta
open shop   el gremio abierto, el taller franco
opening balance   el saldo inicial
opening price   el precio de apertura
operating budget   el presupuesto funcional de operaciones
operating expenses   los gastos de operación
operating income   las ganancias de operación
operating profit   la utilidad operacional, el beneficio de operación
operating statement   el estado de operación, el financiero operaciónal

operations audit la auditoría de operaciones
operations headquarters la oficina principal de operaciones
operations management la gerencia de operaciones
operator (machine) el maquinista
opportunity costs los costos de oportunidad
option la opción
optional discrecional
oral bid (stock exchange) la oferta verbal
order el pedido
order (v) pedir
order form la planilla de pedido
order number el número del pedido
order of the day la orden del día
order, place an (v) ordenar
ordinary capital el capital ordinario
organization la organización
organization chart el organigrama
original cost el costo original
original entry el asiento original
original maturity el vencimiento original
other assets los otros activos
out-of-pocket expenses los gastos efectivos
outbid (v) ofrecer la postura mayor
outlay el desembolso, el gasto
outlet el mercado
outlook la perspectiva
output la producción
outsized articles los artículos de tamaño especial (mayor que el común)
outstanding contract el contrato pendiente
outstanding debt la deuda no cobrada
outstanding stocks las acciones en circulación
outturn la producción total
over-the-counter quotation la cotización en ventanilla
overage el sobrante
overbought sobrecomprado
overcapitalized la capitalizado en exceso

overcharge (v) poner una carga excesiva
overdraft el sobregiro, la cuenta en descubierto
overdraw (v) sobregirar
overdrawn account la cuenta en descubierto
overdue vencido
overhang la proyección
overhead los gastos generales fijos
overlap la duplicación
overnight de un día para otro
overpaid sobrepagado
overseas common point el punto en común de ultramar
oversold sobrevendido (vendido en exceso)
overstock el abarrotar
oversubscribed sobresuscrito
oversupply la sobreoferta
overtime el tiempo extra
overvalued sobrevaluado
owner el propietario
owner's equity los recursos propios de los propietarios
ownership la propiedad

P

package deal el convenio de conjunto, el negocio en paquete, la transacción de conjunto
packaging el embalaje
packing case el embalaje de cajas
packing list las especificaciones de embalaje
pact el pacto
paid holiday el día feriado pagado, las vacaciones pagadas
paid in full pagado en su totalidad
paid-in surplus el superávit pagado
paid up capital el capital desembolsado
paid up shares las acciones pagadas
pallet la paleta
palletized freight la carga en paleta
paper profits los beneficios por realizar
par par

par value   el valor par
parcel post   el envío de paquetes por correo
parent company   la compañía matriz
parity   la paridad
parity income ratio   la razón de paridad de ingresos
parity price   el precio de paridad
partial cargo   el cargamento parcial
partial payment   el pago parcial
participating preferred stocks   las acciones preferidas participantes
participation fee   la cuota de participación
participation loan   el préstamo en participación
particular average loss   la pérdida por avería simple
partner   el socio
partnership   la sociedad
parts   las partes
passbook   la libreta bancaria
passed dividends   los dividendos omitidos
past due   vencido
patent   la patente
patent application   la solicitud de patente
patent law   el derecho de patente
patent pending   la patente pendiente
patent royalty   la regalía por uso de patente
patented process   el proceso patentado
pattern   el diseño, el patrón
pay (v)   pagar
pay as you go   el pago de impuesto a medida que el contribuyente recibe sus ingresos
pay off (v)   cancelar
payable on demand   pagadero a la vista
payable to bearer   pagadero al portador
payable to order   pagadero a la orden
payback period   el plazo de reembolso
payee   el perceptor
payload   la carga útil
paymaster   el pagador
payment   el pago
payment in full   el pago total

payment in kind   el pago en especie
payment period   el período de pago
payment refused   el pago negado
payroll   la nómina
payroll tax   el impuesto sobre la nómina
p/e ratio   la rázon precio-ganancia por acciones
peak load   la carga máxima, la máxima carga
pegged price   el precio fijo
pegging   la estabilización de precios
penalty   la multa
penalty clause   la cláusula penal
penalty-fraud action   la penalidad por fraude
penny stocks   las acciones cotizadas a menos de un dólar
pension fund   el fondo de jubilación
pensioner   el pensionista
per capita   por habitante
per diem   por día, viático
per share   por acción
percentage earnings   el porcentaje de las ganancias
percentage of profit   el porcentaje de la utilidad
performance bond   la fianza de cumplimento
periodic inventory   el inventario periódico
peripheral   periférico
perks   los beneficios personales que resultan del consumo de bienes de la empresa
permit   el permiso
perpetual inventory   el inventario permanente
personal deduction   el desgravamen personal
personal exemption   la exención personal
personal income tax   el impuesto sobre el ingreso personal
personal liability   la responsabilidad personal, el riesgo personal
personal property   la propiedad personal
personality test   la prueba de personalidad
personnel   el personal
personnel administration   la administración de personal
personnel department   el departamento de personal

personnel management la administración de personal
personnel placement la ubicación
petrochemical petroquímico
petrodollars los petrodólares
phase in (v) incorporar gradualmente
phase out eliminar gradualmente
physical inventory el inventario físico
phytosanitary regulations las regulaciones fitosanitarias
pick up and deliver (v) recoger y entregar
picket line el piquete de huelga, la línea de huelga
pie chart el diagrama de sectores
piecework el trabajo a destajo
pilfer (v) hurtar
pilferage el hurto
pilotage los derechos de practicaje
place an order (v) hacer un pedido
place of business el domicilio de la empresa
placement (personnel) la contratación de personal
plan el plan
planned obsolescence la obsolescencia planificada
plant capacity la capacidad de la planta, la capacidad productiva de la planta
plant location la ubicación de la planta
plant manager el gerente de planta
pledge la garantía, la prenda
plenary meeting la reunión plenaria
plow back (earnings) (v) reinvertir
plus accrued interest más interés acumulado
point (percentage) (mortgage term) el punto
point of order el punto de orden
point of sale el punto de venta
policy (performance standard) la política
policy holder el tenedor de póliza
pool (funds) (v) mancomunar fondos
pool (v) combinar
pooling of interests mancomunar intereses
portfolio la cartera

portfolio management la administración de cartera
position limit la posición límite
positive cash flow el flujo de caja positivo
post (v) (bookkeeping) pasar del diario al mayor, asentar
postdate postdatar
postdated fechado (con fecha adelantada)
postpone (v) posponer, postergar
potential buyer el comprador potencial
potential sales las ventas potenciales
power of attorney el mandato, el poder, la carta poder
practical práctico
pre-emptive right el derecho de prioridad, el derecho preferencial
prefabrication la prefabricación
preferential debts las deudas preferenciales
preferred stock las acciones preferidas
preferred tariff la tarifa preferencial
preliminary prospectus el prospecto preliminar
premises los establecimientos, los locales
premium offer la oferta de prima
prepaid expenses (balance sheet) los cargos diferidos
prepare (v) preparar
prepay (v) prepagar
president el presidente
preventive maintenance el mantenimiento preventivo
price el precio
price (v) valorar
price cutting la reducción de precios
price differential la diferencia de precios
price-earnings ratio el cociente de precio-ingresos netos
price elasticity la elasticidad de precio
price fixing la fijación de precios
price index el índice de precio
price limit el precio límite
price list la lista de precios
price range la variación de precio
price support el precio de sostenimiento

price tick   el cambio pequeño de precio, el precio del fiado
price war   la competencia de precios, la guerra de precios
primary market   el mercado primario
primary reserves   las reservas primarias
prime cost   el costo primo
prime rate   la tasa preferencial
prime time   el tiempo preferencial
principal   el principal
printed matter   los impresos
printout   la hoja impresa
priority   la prioridad
private fleet   la flota privada
private label (or brand)   la marca privada
private placement (finance)   la colocación privada
pro forma invoice   la factura pro-forma
pro forma statement   el balance pro-forma, el estado financiero simulado
probate   la verificación testamentaria
problem   el problema
problem analysis   el análisis del problema
problem solving   la solución de problemas
proceeds   el producto
process (v)   procesar
processing error   el error de procesamiento
procurement   la obtención
product   el producto
product analysis   el análisis del producto
product design   el diseño del producto
product development   el desarrollo del producto
product dynamics   la dinámica del producto
product group   el grupo de productos
product life   la vida del producto
product line   la línea de productos
product management   la gerencia de producción
product profitability   la rentabilidad del producto
production   la producción
production costs   los costos de producción

production line la línea de montaje

production process el processo de producción, el proceso productivo

production schedule el programa de producción

productivity la productividad

productivity campaign la campaña de productividad

profession la profesión

profit la utilidad

profit-and-loss statement el estado de ganancias y pérdidas

profit factor el factor de beneficio, el factor de la utilidad

profit impact el impacto del beneficio

profit margin el margen de beneficio, el margen del beneficio

profit projection la estimación de beneficio

profit sharing las participaciones en los beneficicios

profit-taking la realización de beneficio

profitability la rentabilidad

profitability analysis el análisis de la rentabilidad

program el programa

program (v) programar

prohibited goods los bienes prohibidos

project el proyecto

project (v) proyectar

project planning la planificación de proyecto

promissory note el pagaré

promotion la promoción

prompt pronto

proof of loss la prueba de pérdida

property la propiedad

proprietor el dueño, el propietario

prospectus el prospecto

protectionism el proteccionismo

protest (banking, law) el protesto

proxy el poder

proxy statement la carta poder

prudent man rule la norma del hombre prudente

public auction la subasta pública

public company   la compañía pública
public domain   el dominio público
public funds   los fondos publicos
public offering   la oferta pública
public opinion poll   el sondeo de opinión pública
public property   la propiedad pública
public relations   las relaciones públicas
public sale   la venta pública
public sector   el sector público
public utility   los servicios públicos
public works   los trabajos públicos
publicity   la publicidad
punch card   la tarjeta para perforar
purchase (v)   comprar
purchase order   la orden de compra
purchase price   el precio de compra
purchasing agent   el agente comprador
purchasing manager   el gerente comprador
purchasing power   el poder adquisitivo
pure risk   el riesgo puro
put and call   la venta y compra (opción)
put in a bid (v)   licitar
put option   la opción de venta
pyramid selling   la venta piramidal
pyramiding   la piramidación

Q

qualifications   los requisitos
qualified acceptance endorsement   el endoso limitado
quality control   el control de calidad
quality goods   los bienes de calidad
quantity   la cantidad
quantity discount   la cantidad descontada
quasi-public company   la compañía cuasi-pública
quick assets   los activos disponibles
quit claim deed   el instrumento de renuncia
quorum   el quorum
quota   la cuota

quota system   el sistema de cuotas
quotation   la cotización

R

rack jobber   el mayorista que vende indiscriminadamente
rail shipment   el embarque ferroviario
railway transportation   el transporte por ferrocarriles
rain check   el boleto válido para la próxima sessión
raising capital   conseguir capital
rally   la recuperación
random access memory   el acceso al azar a la memoria
random sample   la muestra al azar
rate   la tasa
rate of growth   la tasa de crecimiento
rate of increase   la tasa de incremento
rate of interest   el tipo de interés
rate of return   la tasa de rendimiento
ratio   la proporción, la relación
rationing (v)   racionar
raw materials   las materias primas
re-export (v)   reexportar
ready cash   el efectivo disponible
ready-to-wear   el listo para ponerse
real assets   los activos reales
real estate   los bienes raíces
real investment   la inversión real
real price   el precio real
real time   el tiempo real
real value   el valor real
real wages   los salarios reales
reasonable care   el cuidado razonable
rebate   la rebaja
recapitalization   la recapitalización
receipt   el recibo
recession   la recesión
reciprocal training   el entrenamiento recíproco
record date   la fecha del cierre del registro

recourse el recurso
recovery (accounts receivable) la recuperación (cuentas por cobrar)
recovery of expenses la recuperación de gastos
red tape los trámites burocráticos
redeemable bond el bono redimible
redemption allowance la asignación por la amortización
redemption fund el fondo de amortización
redemption premium la prima de rescate
rediscount rate la tasa de redescuento
reference number el número de referencia
refinancing el refinanciamiento
reflation la reflación
refund el reembolso
refuse payment el pago rehusado
regarding referente a
registered check el cheque registrado
registered mail el correo certificado
registered representative el representante registrado
registered security el título valor registrado
registered trademark la marca registrada
regression analysis el análisis de regresión
regressive tax el impuesto regresivo
regulation la regulación
regular warehouse el almacén ordinario
reimburse (v) reembolsar
reinsurer el reasegurador
reliable source la fuente segura
remainder el residuo
remedy (law) el recurso
remission duty la remisión de impuestos
remission of a tax la disminuición de un impuesto
remuneration la remuneración
renegotiate (v) renegociar
renew (v) renovar
rent (v) alquilar
reorder (v) reordenar
reorganization la reorganización

repay (v) reembolsar, repago
repeat order el pedido suplementario
replacement cost el costo de reemplazo, el costo de sustitución
replacement parts los repuestos
reply (v) responder
report el informe
repossession la reposesión
representative el representante
reproduction costs los costos de reproducción
request for bid la solicitud de ofertas
requirements los necesidades, los requerimientos
resale la reventa
research la investigación
research and development la investigación y el desarrollo
reserve la reserva
resident buyer el comprador residente
resolution el convenio
resolution (legal document) la resolución, el acuerdo
resource allocation la aplicación de los recursos, la asignación de recursos
responsibility la responsabilidad
restrictions on export los restricciones sobre las exportaciones
restrictive labor practices las prácticas laborales restrictivas
restructure (v) reestructurar
resume (v) reanudar
retail al por menor
retail bank el banco al por menor
retail merchandise la mercancía al por menor
retail outlet el mercado de ventas al per menor
retail price el precio al detalle, el precio al por menor
retail sales tax el impuesto sobre ventas al detalle, el impuesto sobre rentas al por menor
retail trade el comercio al detalle, el comercio al por menor, las utilidades acumuladas
retained earnings los ingresos retenidos
retained profits las ganancias retenidas

retirement el retiro, la jubilación
retroactive retroactivo
return on assets managed el retorno sobre activos administrados
return on capital el rendimiento sobre capital, el retorno sobre capital
return on equity el rendimiento sobre recursos propios, el retorno sobre el capital propio
return on investment el rendimiento de las inversiones, el rendimiento sobre inversión
return on sales el rendimiento sobre ventas
revaluation la revaluación
revenue los ingresos
revenue bond el bono de ingreso
reverse stock split el retiro proporcional de acciones
revocable trust el fideicomiso revocable
revolving credit el crédito rotativo
revolving fund el fondo rotativo
revolving letter of credit la carta de crédito renovable
reward la recompensa
rider (contracts) el anexo
right of recourse el derecho de recurso
right of way el servidumbre de paso, el servidumbre de vía
rights los derechos
risk el riesgo
risk analysis el análisis de riesgo
risk assessments la evaluación de riesgos
risk capital el capital de especulación, el riesgo de capital
roll back la reducción a precio anterior
rolling stock el material rodante
rollover la renovación
rough estimate la estimación aproximada
rough draft el borrador
round lot el número de acciones de ciento o múltiples de ciento
routine la rutina
royalty (payment) el pago de regalía
running expenses los gastos corrientes

rush order   el pedido urgente

S

safe deposit box   la caja de seguridad de depósitos
safeguard   el resguardo, la garantía
salary   el sueldo
sale through mail order   la venta por correo
sales   las ventas
sales analysis   el análisis de ventas
sales budget   el presupuesto de ventas
sales estimate   la estimación de ventas, las ventas estimadas
sales force   el personal de ventas
sales forecast   el pronóstico de ventas, la predicción de ventas
sales management   la gerencia de ventas
sales promotion   la promoción de ventas
sales quota   la cuota de ventas
sales tax   el impuesto a las ventas
sales territory   el territorio de ventas
sales turnover   la rotación de ventas
sales volume   el volumen de ventas
salvage (v)   rescatar
salvage charges   los cargos de rescate
salvage value   el valor de rescate
sample (v)   muestrear
sample line   la línea de muestreo
sample size   el tamaño de muestra
savings   los ahorros
savings account   la cuenta de ahorro
savings bank   el banco de ahorro
savings bond   el bono de ahorro
scalper   el especulador en bolsa
schedule   el horario, el itinerario
screening   la selección
script   la escritura
sealed bid   la propuesta sellada, la oferta cerrada
seasonal   estacional
second mortgage   la segunda hipoteca

second position la segunda posición
secondary market (securities) el mercado secundario de valores
secondary offering (securities) la venta secundaria
secretary la secretaria, el secretario
secured accounts las cuentas aseguradas
secured liability el pasivo garantizado
securities los títulos valores
self-appraisal el auto-evalúo
self-employed man el trabajador por su cuenta
self-management la auto-administración
self-service el servicio personal, el auto-servicio
sell (v) vender
sell and leaseback la venta e immediato arrendamiento de lo vendido
semi-variable costs los costos semi-variables
senior issue la emisión prioritaria
seniority la prioridad
separation la separación
serial bonds las obligaciones con vencimiento escalonado
serial storage el almacenaje de serie
service (v) mantener, servir
service contract el contrato de servicio
set-up costs los costos de instalación
settlement el arreglo
severance pay la indemnización par despido
shareholder el accionista
shareholder's equity el capital de accionistas
shareholders' meeting la reunión de accionistas
shares las participaciones
shift (labor) el turno de trabajo
shipment el despacho, el envío
shipper el fletador, el remitente
shipping agent el consignatario de transporte
shipping charges los cargos de transporte
shipping expenses los gastos de embarque, los gastos de transporte

shipping instructions las instrucciones de embarque
shopping center el centro comercial
(to be) short of (v) faltar
short delivery la entrega en descubierto
short position la posición en descubierto
short sales las ventas al descubierto
short shipment el envío incompleto
short supply la escasez
short-term capital account la cuenta de capital de corto plazo
short-term debt la deuda a corto plazo
short-term financing el financiamiento a corto plazo
shortage la escasez
sick leave el permiso por enfermedad
sight draft el pagaré a la vista
signature la firma
silent partner el socio comanditario
simulate (v) simular
sinking fund el fondo de amortización
skilled labor la mano de obra especializada
sliding parity la paridad móvil
sliding scale la escala móvil
slump el descenso brusco de precios
small business el negocio pequeño
socialism el socialismo
soft currency la moneda débil (blando)
soft goods los productos perecederos, los bienes blandos
soft loan el préstamo débil, el préstamo repagable en moneda inestable
soft sell la venta débil
software el programa de computación
software broker el intermediario en programa de computación, el agente de software
sole agent el agente único
sole proprietorship el propietario único
sole rights los derechos únicos
solvency la solvencia

specialist (stock exchange) el especialista (el miembro de la bolsa de valores responsable de mantener un mercado ordenado y justo en las acciones registradas)

specialty goods los productos de especialidad, los bienes especiales

specific duty el impuesto específico, el arancel aduanero específico

speculator el especulador

speed up (v) acelerar

spin off la transferencia de activo a otra compañia sin cambio de accionistas

spoilage el desperdicio, el deterioro

sponsor (of fund, of partnership) el promotor (de fondos en una sociedad)

spot delivery la entrega inmediata

spot market el mercado al contado

spread la diferencia

spreadsheet la hoja electrónica

staff el personal, los funcionarios

staff and line la combinación de los órganos asesores con los de ejecución

staff assistant el asistente de personal

staff organization la organización del personal

stagflation estagflación, la recesión con inflación

stale check el cheque vencido

stand-alone text processor el procesador de palabras solitario

stand-alone workstation la estación de trabajo solitario

stand in line (v) estar parado en la cola

standard costs los costos estándar, los costos normales

standard deviation la desviación estándar

standard of living el estándar de vida, el nivel de vida

standard practice la práctica normal

standard time la hora estándar

standardization la estandarización, la regulación, la uniformación

standing charges los cargos establecidos

standing costs los costos establecidos

standing order la instrucción permanente, la orden permanente

start-up cost el costo de arranque, el costo de establecerse

statement el estado

statement of account el estado de cuenta

statistics la estadística

statute el estatuto

statute of limitations el estatuto de limitaciónes

stock la acción

stock certificate el certificado de acciones

stock control el control de existencias, el control del inventario

stock exchange la bolsa de valores

stock index el índice de acciones

stock-in-trade el intercambio en acciones

stock market el mercado de acciones

stock option la opción de acciones

stock portfolio la cartera de acciones

stock power el poder accionario

stock profit el beneficio en acciones

stock purchase la compra de acciones

stock split el aumento gratuito de las acciones para reducir su precio

stock takeover la adquisición mayoritaria de acciones

stock turnover la rotación del inventario

stockbroker el corredor de bolsa

stockholder el accionista

stockholder's equity los recursos propios de los accionistas

stop-loss order la orden de pérdida limitada

storage el almacenaje

store la tienda

stowage el arrumaje, la estiba

stowage charges los cargos de estiba

straddle la operación de bolsa con opción de compra o venta

strapping rollizo

strategic articles los artículos estratégicos

streamline (v) simplificar
stress management la administración de tensión, control de tensión
strike (v) parar (el trabajo)
strikebreaker el obrero que reemplaza al huelguista
stuffing el relleno
subcontract el subcontrato
subcontractor el subcontratista
subject to availability sujeto a disponibilidad
sublet (v) subarrendar
subscription price el precio de subscripción
subsidiary el subsidiario
subsidy el subsidio
substandard inferior al nivel normal
sum-of-the years digits la suma de los dígitos anuales
supersede (v) invalidar, reemplazar
supervisor el supervisor
supplier el abastecedor, el oferente, el suministrador
supply and demand la oferta y demanda
support activities las actividades de apoyo, las actividades de sostenimentio
surcharge el recargo
surety company la compañía garante
surplus capital el superávit de capital
surplus goods el exceso de productos, el superávit de bienes
suspend payment suspender el pago
surtax el impuesto adicional
switching charges los cargos de cambio de títulos
sworn jurado
syndicate el sindicato
systems analysis el análisis de sistema
systems design el diseño de sistemas
systems engineering la ingeniería de sistemas
systems management la gerencia de sistemas

T

table of contents el índice
take down (v) tomar nota

take-home pay la paga líquida
take off (v) rebajar
take out (v) extraer, sacar
takeover la adquisición mayoritaria
takeover bid la oferta para la adquisición
tangible asset el activo tangible
tanker el barcotanque, el tanquero
target price el precio objetivo
tariff la tarifa, el arancel
tariff barriers las barreras arancelarias
tariff charge el cargo arancelario
tariff classification la clasificación arancelaria
tariff commodity los aranceles sobre bienes
tariff differential la diferencia de tarifas
tariff war la guerra arancelaria
task force la fuerza de trabajo
tax el impuesto
tax allowance la concesión tributaria
tax base la base imponible
tax burden la carga impositiva
tax collector el recaudador de impuesto
tax deduction el desgravamen impositivo
tax evasion la evasión de impuestos
tax-free income los ingresos libre de impuestos
tax haven el sitio donde no se paga impuesto o se paga muy poco
tax relief el desgravamen
tax shelter la protección contra los impuestos
taxation la tributación
team management la gerencia por equipo
telecommunications las telecomunicaciones
telemarketing el telemercadeo
teleprocessing el teleprocesamiento
teller el cajero
tender la propuesta
tender offer la oferta de compra
term bond el bono a plazo de una emisión en que tienen el mismo vencimiento
term insurance los seguros a plazo

term loan   el préstamo a plazo
terminal   el terminal
terminate (v)   terminar
terms of sale   los términos de la venta
terms of trade   los términos de intercambio
territorial waters   las aguas territoriales
territory   el territorio
thin market   el mercado con poca actividad
third party exporter   el tercer exportador
third window   la tercera ventana
throughput   la producción fijada
ticker tape   la cinta del indicador automático
tied aid   la ayuda condicionada
tied loan   el préstamo condicionado
tight market   el mercado ajustado
time and motion   el tiempo y movimiento
time bill (of exchange)   la letra a plazo
time deposit   el depósito a plazo
time zone   el horario zonal
timetable   el horario, el itinerario
tip (inside information)   el dato confidencial
title   el título
title insurance   los seguros de título
to have authority (v)   tener autoridad
to the bearer   al portador
tombstone   el documento público donde se enumeran a los aseguradores de una emisión de valores
tonnage   el tonelaje
tools   los instrumentos
tools (hardware)   las herramientas
top management   la alta gerencia
top price   el precio máximo
top quality   la calidad máxima
tort   el agravio indemnizable
trade   el comercio, el intercambio, el intercambio compensatorio
trade (v)   intercambiar
trade acceptance   la aceptación comercial
trade agreement   el acuerdo comercial

trade association la asociación comercial
trade barrier la barrera al intercambio comercial
trade commission la comisión comercial
trade credit el crédito comercial
trade date la fecha del intercambio
trade discount el descuento comercial
trade fair la feria comercial
trade house la casa de comercio
trade union el gremio de obreros
trademark la marca de fábrica
trader el comerciante
trading company la compañía de intercambio comercial
trading floor el parquet
trading limit el límite de intercambio
trainee el aprendiz, el personal de adiestramiento
training group el grupo de entrenamiento
tranche el tramo
transaction la transacción
transfer la transferencia
transfer agent el agente de transferencia
transferred transferido
translator el traductor
transportation el transporte
traveler's check el cheque de viajero
treasurer el tesorero
treasury bills las letras del Tesoro
treasury bonds los bonos del Tesoro
treasury notes las notas del Tesoro
treasury stock las acciones de tesorerías
treaty el convenio
trend la tendencia
trial balance el balance de comprobación
troubleshoot (v) investigar y resolver un problema, mediar en una desavenencia
truck load la camionada
trust el fideicomiso
trust company la compañía fiduciaria
trust fund el fondo de fideicomiso

trustee   el fideicomisario
turnkey company   la sociedad creada con un fin específico
two-tiered market   el mercado de dos niveles

U

unaccompanied goods   los bienes no acompañados
uncollectable accounts   las cuentas incobrables
undercapitalization   la insuficiencia de capital
undercut (v)   socavar, vender por debajo del precio de un competidor
underdeveloped   subdesarrollado
underdeveloped nations   las naciones subdesarrolladas
underestimate (v)   subestimar
underpaid   el sueldo insuficiente, subpagado
undersigned   el suscrito
understanding (agreement)   el acuerdo
undertake (v)   emprender, acometer
undervalue (v)   tasar en menos del valor real
underwriter   el asegurador
unearned increment   la plusvalía
unearned revenue   los ingresos no merecidos
unemployment   el desempleo
unemployment compensation   la compensación por desempleo
unfair   injusto
unfavorable   desfavorable
unfeasible   impracticable, poco probable
union contract   el contrato sindical
union label   la marca sindical
unlisted   no registrado
unit cost   el costo unitario
unit load discount   el descuento unitario por carga
unit price   el precio unitario
unload (v)   descargar
unsecured liability   el pasivo no garantizado
unsecured loan   el préstamo no garantizado
unskilled labor   el trabajo no calificado

up to our expectations hasta nuestras expectativas, las expectativas realizadas

upmarket el mercado alcista

upturn la tendencia alcista

urban renewal la renovación urbana

urban sprawl el desarrollo urbano

use tax el impuesto de uso

useful life la vida útil

user-friendly fácil para el usario

usury la usura

utility la utilidad

utilization capacity la capacidad de utilización

V

valid válido

validate (v) validar

valuation la valuación

value el valor

value-added tax (V.A.T.) el impuesto sobre el valor añadido (I.V.A.)

value for duty el valor para el derecho de aduanas

valve engineering el estudio de los componentes de un artículo

variable annuity la anualidad variable

variable costs los costos variables

variable import levy la imposición variable sobre importaciones

variable margin el margen variable

variable rate la tasa variable

variable rate mortgage la hipoteca con intereses variables

variance la varianza

velocity of money la velocidad de la moneda

vendor el vendedor

vendor's lien el gravamen del vendedor

venture capital el capital especulativo, la empresa nueva en la que se arriesga capital

vertical integration la integración vertical

vested interests los intereses creados

vested rights los derechos adquiridos

veto el veto
vice-president el vice-presidente
visible balance of trade la balanza comercial visible
voice-activated voz activada
void inválido, nulo
voided check el cheque anulado
volatile market el mercado inestable
volume el volumen
volume discount el descuento sobre el volumen
voting right el derecho al voto
voucher el comprobante

W

wage el salario
wage dispute la disputa salarial
wage earner el trabajador
wage freeze el congelamiento de salarios
wage level el nivel salarial
wage-price spiral el espiral de precios y salarios
wage scale la escala salarial
wage structure la estructura salarial
waiver clause la cláusala de exencion
walk out (v) declarse en huelga
want-ad el anuncio clasificado
warehouse el almacén, el depósito
warehouseman el almacenador
warrant (v) garantizar
warranty la garantía
wasting asset el activo desperdiciado
waybill el manifiesto de carga
wealth la fortuna, la riqueza
wear and tear el deterioro natural debido al uso
weekly return el retorno semanal
weight el peso
weighted average la media ponderada
wharfage charge el cargo por muelle
when issued las operaciones con acciones antes de su emisión

KEY TO PRONUNCIATION

CONSONANTS

SPANISH LETTER(S)	SOUND IN ENGLISH	EXAMPLES
c (before a, o, u)	hard k sound (cat)	campo (KAHM-poh) cosa (KOH-sah) Cuba (KOO-bah)
c (before e, i)	soft s sound (cent)	central (sehn-TRAHL) cinco (SEEN-koh)
cc	hard and soft cc (ks sound) (accept)	acción (ahk-see-OHN)
ch	hard ch sound (chair)	muchacho (moo-CHAH-choh)
g (before a, o, u)	hard g (go)	gafas (GAH-fahs) goma (GOH-mah)
g (before e, i)	breathy h (hot)	general (hehn-eh-RAHL)
h	always silent	hasta (AHS-tah)
j	breathy as in h sound (hot)	José (ho-SAY)
l	English l sound (lamp)	lámpara (LAHM-pahr-ah)
ll	as in English y (yes)	pollo (POH-yoh)
n	English n (no)	naranja (na-RAHN-ha)
ñ	English ny (canyon)	señorita (seh-nyoh-REE-tah)
qu	English k (keep)	que (kay)
r	trilled once	caro (KAH-roh)
rr (or r at beginning of word)	trilled strongly (operator saying three)	rico (RREE-koh) perro (PEH-rroh)
s	English s (see)	rosa (ROH-sah)
v	Approximately as in English b (book)	primavera (pree-mah-BEHR-ah)
x	English s, ks (sign, socks)	extra (ES-trah) examinar (ek-sah-mee-NAHR)
y	English y (yes) (by itself y = i)	yo (yoh) y (ee)
z	English s	zapato (sah-PAH-toh)

VOWELS

a	ah (yacht)	taco (TAH-koh)
e	ay (day)	mesa (MAY-sah)
	eh (pet)	perro (PEH-roh)
i	ee (meet)	libro (LEE-broh)
o	oh (open)	foto (FOH-toh)
u	oo (tooth)	mucho (MOO-choh)

COMMON VOWEL COMBINATIONS (DIPHTHONGS)

au	ow (cow)	causa (COW-sah) auto (OW-toh)
ei	ay (day)	aceite (ah-SAY-tay)
ai	y (type)	baile (BY-lay)
ie	yeh (yet)	abierto (ah-BYEHR-toh)
ue	weh (wet)	bueno (BWEH-noh)

Barron's Bilingual Business Guides
Talking Business in Spanish
© Copyright 1987 by Barron's Educational Series, Inc.

PHRASES FOR THE SUCCESSFUL BUSINESS DAY

The First Meeting

Hello, Good morning.	Buenos días	(bway-nohs DEE-ahs)
How do you do?	¿Cómo está usted?	(KOH-moh-ehs-TAH oos-TEHD)
What's your name?	¿Cómo se llama usted?	(KOH-moh say YAH-mah oos-TEHD)
I am _____.	Soy _____.	(soy)
Do you speak English?	¿Habla usted inglés?	(ah-blah oos-TEHD een-GLAYS)
I speak (a little) Spanish	Hablo español (un poco).	(AH-bloh ehs-pah-NYOHL [oon POH-koh])
What did you say?	¿Cómo?	(KOH-moh)
Please repeat slowly.	Repita, despacio, por favor.	(ray-PEE-tah dehs-PAH-see-oh pohr fah-BOHR)
Excuse me; what does this mean?	¿Por favor, qué quiere decir ésto?	(pohr fah-BOHR kay kee-YEH-ray day-SEER ehs-toh)
I'm sorry; I don't understand.	Lo siento; no comprendo.	(loh see-EHN-toh noh kohm-PREHN-doh)
It doesn't matter.	No importa.	(noh eem-PORT-ah)
Would you call me a cab, please.	Puede usted conseguirme un taxi, por favor.	(PWEH-day oos-TEHD kohn-say-GHEER-may oon TAHK-si pohr fah-BOHR)
Good-bye.	Adiós.	(ah-DYOHS)

At the Restaurant

Is this a good restaurant?	¿Este restaurante es bueno?	(EHS-teh rehs-tow-RAHN-teh ehs BWEH-noh)
Waiter! I would like _____	¡Camarero! Quisiera _____	(kah-mah-REHR-oh kee-see-EHR-ah)
How do you say it?	¿Cómo se dice?	(KOH-moh say DEE-say)
Thank you very much.	Muchas gracias.	(MOO-chahs GRAH-syahs)

At the Hotel

Do you have any messages for me?	¿Hay recados para mí?	(AH-ee ray-KAH-dohs pah-rah MEE)
Is the barbershop still open?	¿Está la barbería todavía abierto?	(ehs-TAH lah bahr-behr-EE-ah toh-dah-BEE-ah ah-BYEHR-oh)
Where is the bar?	¿Dónde está la taberna?	(DOHN-day ehs-TAH lah tah-BEHR-nah)
Where can I buy English-language newspapers?	¿Dónde se puede comprar periódicos en inglés?	(DOHN-day say pweh-day kohm-PRAHR peh-ree-OH-dee-kohs ehn een-GLAYSS)
Good evening.	Buenas noches.	(bway-nahs NOH-chehs)
See you tomorrow.	Hasta mañana.	(AH-stah mah-NYAH-nah)

Looking for Help

I'm lost.	Me he perdido.	(may heh pehr-DEE-doh)
Where's the post office?	¿Dónde está correos?	(DOHN-day ehs-TAH kohr-AY-ohs)
And the mailbox?	¿Y el buzón?	(ee ehl boo-SOHN)
I would like to make a telephone call.	Quisiera hacer una llamada.	(kee-see-EHR-ah ah-sehr oo-nah yah-MAH-dah)

white-collar worker   el/la oficinista
with regard to   referente a
wholesale market   el mercado al por mayor
wholesale price   el precio al por mayor
wholesale trade   el intercambio a nivel de mayorista
wholesaler   el mayorista
wildcat strike   la huelga no sancionada por el sindicato
will   el testamento
windfall profit   el beneficio imprevisto
window dressing   la modificación para mantener una apariencia
wire transfer   la transferencia cablegráfica
with average   con avería
withholding tax   la retención de impuesto
witness   el testigo
word processor   el procesador de palabras, la computadora
work (v)   trabajar
work by contract   el trabajo por contrato
work committee   el comité de trabajo
work council   el concejo de trabajo
work cycle   el ciclo de trabajo
work force   la fuerza laboral
work in progress   el trabajo en progreso
work load   la carga de trabajo
work order   la orden de trabajo
workday   el día de trabajo, la jornada
working assets   los activos de trabajo
working balance   el saldo de operación, las fondos de operación
working capital   el capital de trabajo
working class   la clase trabajadora
working contract   el contrato vigente
working funds   los fondos de operación
working hours   las horas de trabajo
working papers   los documentos de trabajo
working tools   los instrumentos de trabajo

workplace   el sitio de trabajo
workshop   el taller, los ejercicios prácticos
workstation   la estación de trabajo
World Bank   el Banco Mundial
worthless   sin valor
writ   el mandamiento, la escritura
write down (v)   poner por escrito
write off (v)   cancelar una partida doble
written agreement   el acuerdo escrito
written bid (stock exchange)   la oferta por escrito

Y

yardstick   el patrón, la medida de yardas
year   el año
year-end   el cierre de ejercicio
yield   el rendimiento
yield to maturity   el rendimiento hasta el vencimiento

Z

zero coupon   el cupón cero
zip code   el código postal
zone   la zona
zoning law   la ordenanza municipal sobre construcción

SPANISH TO ENGLISH

A

a cuenta de   on account of
a flote   afloat
a igual trabajo, igual salario   equal pay for equal work
a la apertura   at the opening
a la par   at par
a la vista   at sight, at call
a presentación   on demand
a todo riesgo   against all risks
abandonar   abandon (v)
abandono (m)   abandonment
abarrote (m)   dunnage, broken stowage
abarrotar   overstock (v)
abastecedor (m)   supplier
abogado (m)   attorney, lawyer
abrir la compañía   go public (v)
absorber   absorb (v)
absorber la pérdida   absorb the loss (v)
absorción de costos (f)   absorption costing
acarreo (m)   drayage, back haul
acceso al mercado (m)   market access
acceso al azar a la memoria   random access memory
accidente industrial (m)   industrial accident
acción (f)   stock
acción civil   civil action
acciones autorizadas (f)   authorized shares
acciones comunes   common stocks
acciones cotizadas a menos de un dólar   penny stocks
acciones de capital   capital stocks
acciones de crecimiento   growth stocks
acciones de menos de centenas   odd lots
acciones de tesorerías   treasury stock
acciones emitidas   issued shares

acciones en circulación outstanding stocks
acciones pagadas paid up shares
acciones preferidas preferred stock
acciones preferidas convertibles convertible preferred stocks
acciones preferidas participantes participating preferred stocks
acciones prestadas loan stocks
acciones sin derechos de votar nonvoting stocks
acciones preferentes acumulativas cumulative preferred stocks
acciones preferentes no acumulativas noncumulative preferred stocks
acciones preferidas de primera first preferred stocks
accionista (m) shareholder, stockholder
acelerar speed up (v)
aceptación (f) acceptance
aceptación bancaria bank acceptance
aceptación comercial trade acceptance
aceptación condicional conditional acceptance
aceptación de marca brand acceptance
aceptación general general acceptance
aceptación por parte de los consumidores consumer acceptance
aceptante (m) acceptor
aceptar accept (v)
acometer undertake (v)
aconsejar advise (v)
acoplador acústico (m) acoustic coupler
acordado y satisfecho agreed and satisfied
acreción accretion
acreditar credit (v)
acreedor (m) creditor
acreedor inoportuno dunner
acrónimo (m) acronym
actividad comercial (f) business activity
actividades de apoyo (f) support activities
actividades de sostenimentio support activities
activo (m) asset
activo circulante current asset

activo de propiedad neto net equity asset
activo desperdiciado wasting asset
activo fijo capital asset, fixed asset
activo flotante floating asset
activo intangible intangible asset
activo neto net asset
activo no circulante noncurrent asset
activo tangible tangible asset
activos acumulados (m) accrued assets
activos congelados frozen assets
activos de fácil realización liquid assets
activos de trabajo working assets
activos diferidos deferred assets
activos disponibles quick assets
activos escondidos hidden assets
activos fijos fixed assets
activos líquidos liquid assets
activos prestados netos net borrowed assets
activos productivos active assets
activos reales real assets
actuario (m) actuary
acuerdo (m) resolution (legal document), understanding (agreement), agreement, covenant (promises)
acuerdo comercial trade agreement
acuerdo de caballeros (verbal) gentleman's agreement (verbal)
acuerdo de cooperación cooperation agreement
acuerdo escrito written agreement
acuerdo implícito implied agreement
acuerdo integral across-the-board settlement
acuerdo multilateral multilateral agreement
acumulación (f) accrual
acumular accrue, lay up (v)
acumulativo cumulative
acuñar mint (v)
acusar acknowledge (v)
acusar recibo de acknowledge receipt of (v)
adelantar advance (v)

adelantos y retrasos (m) leads and lags
adjudicación (f) adjudication
adjudicar adjudge (v)
adjuntar attach (v)
administración (f) management
administración de cartera portfolio management
administración de personal personnel management, personnel administration
administración de la oficina office management
administración de tensión stress management
administración del mercado market management
administración por medio de objetivos management by objectives
administrador (m) administrator
administrador de aduanas collector of customs
administradora (f) administratrix
administrar manage (v)
adopción del sistema métrico (f) metrification
adquirir acquire (v)
adquisición (f) acquisition
adquisición de datos data acquisition
adquisición mayoritaria takeover
adquisición mayoritaria de acciones stock takeover
aduana (f) customs
afidávit (m) affidavit
afiliado (m) affiliate
afiliar affiliate (v)
agencia (f) agency
agencia bancaria agency bank
agencia de empleos employment agency
agencia de publicidad advertising agency
agencia gubernamental government agency
agencia mercantil mercantile agency
agenda (f) agenda
agente (m) agent
agente de aduana customs broker
agente comprador purchasing agent
agente de exportaciones export agent
agente de póliza de fletes charterparty agent

agente de software   software broker
agente de transferencia   transfer agent
agente del fabricante   manufacturer's agent
agente expedidor   forwarding agent
agente fiscal   fiscal agent
agente único   sole agent
agotamiento (m)   attrition
agravio indemnizable (m)   tort
agricultura (f)   agriculture
aguas territoriales (f)   territorial waters
ahorros (m)   savings
ajustar   adjust (v)
ajuste de los impuestos fronterizos (m)   border tax adjustment
ajuste lineal   across-the-board settlement
al cierre   at the close
al portador   to the bearer
al precio (del mercado) o mejor   at or better than (market price)
alcista (m)   bull
algodón (m)   cotton
algoritmo (m)   algorithm
almacén (m)   warehouse
almacén afianzado   bonded warehouse
almacén autorizado   licensed warehouse
almacén ordinario   regular warehouse
almacenador (m)   warehouseman
almacenaje (m)   storage
almacenaje de la computadora   computer storage
almacenaje de serie   serial storage
almacenaje por acceso directo   direct access storage
almacenaje provisorio   field warehousing
alquilar   rent (v)
alquiler (m)   lease
alquiler de equipo   equipment leasing
alta gerencia (f)   top management
alteración (f)   alteration
alza (m)   appreciation
amortización (f)   amortization
amortización obligatoria   mandatory redemption

ampliar   enlarge (v)
análisis (m)   analysis
análisis de costos   cost analysis
análisis de costos y beneficios   cost-benefit analysis
análisis de entradas y salidas   input-output analysis
análisis de inversiones   investment analysis
análisis de la competencia   competitor analysis
análisis de la rentabilidad   profitability analysis
análisis de las necesidades   needs analysis
análisis de regresión   regression analysis
análisis de riesgo   risk analysis
análisis de sistema   systems analysis
análisis de ventas   sales analysis
análisis del camino crítico   critical path analysis
análisis del problema   problem analysis
análisis del producto   product analysis
análisis del puntal de arqueo   depth analysis
análisis del punto donde los ingresos son iguales a los egresos   breakeven analysis
análisis del trabajo   job analysis
análisis factorial   factor analysis
análisis financiero   financial analysis
análisis funcional   functional analysis
analista (m)   analyst
anexo (m)   addendum, rider (contracts)
ángulo de incidencia (m)   angle of incidence
antedicho   above-mentioned
anticipar   advance (v)
antigüedad (f)   obsolescence
anual   annual
anualidad (f)   annuity
anualidad variable   variable annuity
anualidades diferidas (f)   deferred annuities
anular   nullify (v)
anuncio clasificado (m)   want-ad
anuncio publicitario   commercial ad
añadido (m)   allonge
año (m)   year

año base base year
año fiscal fiscal year
aplicación de los recursos (f) resource allocation
apoyo recíproco del producto aplicado (m) applied proceeds swap
aprendiz (m) apprentice, trainee
aprendizaje por rutina (m) on-the-job training
aprobación (f) approval
aprobar approve (v)
aprovechar el tipo de interés vigente lock in (rate of interest) (v)
arancel (m) tariff, duty
arancel aduanero específico specific duty
arancel combinado combination duty
arancel compensatorio countervailing duty
arancel de importación import tariff, import duty
aranceles sobre bienes (m) tariff commodity
arbitraje (m) arbitrage, arbitration
arbitraje de interés interest arbitrage
arbitraje industrial industrial arbitration
árbitro (m) arbitrator
archivo (m) file
áreas de obligación (f) bond areas
armamentos (m) armaments
arrastrar un saldo al siguiente período carryover (v)
arreglo (m) settlement
arreglo total full settlement
arrendador (m) lessor
arrendamiento (m) lease
arrendatario (m) lessee
arrumaje (m) stowage
artesano (m) journeyman
artículo barato para atraer clientes (m) loss leader
artículos de tamaño especial (mayor que el común) (m) outsized articles
artículos estratégicos strategic articles
asamblea (f) assembly
asegurador (m) insurance underwriter, underwriter
asentar post (bookkeeping) (v)

asesoría de empleados (f) employee counseling
asiento de ajuste (m) adjusting entry
asiento de caja cash entry
asiento de cierre closing entry (accounting)
asiento de importación import entry
asiento del mayor ledger entry
asiento en el debe debit entry
asiento original original entry
asignación (f) allotment, appropriation, allowance
asignación de costos allocation of costs
asignación de recursos resource allocation
asignación de responsabilidades allocation of responsibilities
asignación de terreno acreage allotment
asignación por la amortización redemption allowance
asignación presupuestaria budget appropriation
asignación por depreciaciones de capital capital allowance
asignador (m) assignor
asignar allot (v)
asignar assign (v)
asignatario (m) asignee
asistente (m) assistant
asistente al gerente deputy manager
asistente de personal staff assistant
asociación comercial (f) trade association
asociado (m) affiliate
atesorar hoard (v)
atestación (f) attestation
atrasar la fecha back date (v)
atrasos (m) arrears
auditor (m) auditor
auditorear audit (v)
auditoría anual (f) annual audit
auditoría de operaciones operations audit
auditoría del balance general auditing balance sheet
auditoría interna internal audit
aumento (m) accretion, increase

aumento de capital capital increase
aumento de precio markup
aumento gratuito de las acciones para reducir su precio stock split
ausencia de los propietarios (f) absentee ownership
ausencia por permiso leave of absence
ausencia por permiso de maternidad maternity leave
ausentismo (m) absenteeism
autarquía (f) autarchy
autenticidad (de oro) (f) authenticity (gold)
auto-administración (f) self-management
auto-evalúo (m) self-appraisal
auto-servicio (m) self-service
automático automatic
automatización (m) automation
autónomo autonomous
autoridad de vivienda (f) housing authority
autorizar authorize (v)
avaluar assess (v)
avalúo (m) appraisal
avalúo de gastos de capital capital expenditure appraisal
avalúo de mercado market appraisal
avalúo de inversiones investment appraisal
avalúo financiero financial appraisal
aviso anticipado (m) advance notice
aviso clasificado classified ad
aviso de entrega delivery notice
aviso de expedición advice notice
ayuda condicionada (f) tied aid

B

bajista (m) bear
bajo-par below par
balance (m) balance sheet
balance de comprobación trial balance
balance desfavorable adverse balance
balance general balance sheet
balance pro-forma pro forma statement

balanza comercial (f) balance of trade
balanza comercial visible visible balance of trade
balanza de pagos balance of payments
bancarrota (f) bankruptcy
banco (m) bank
banco al por menor retail bank
banco central central bank
banco comercial commercial bank
banco corresponsal correspondent bank
banco de ahorro savings bank
banco de ahorro mutuo mutual savings bank
banco de datos computer bank, data bank
banco de exportaciones-importaciones export-import bank
banco gubernamental government bank
banco hipotecario mortgage bank
banco inversionista investment bank
banco mercantil merchant bank
Banco Mundial World Bank
banco nacional national bank
banco representante agent bank
baratería (f) barratry
barato cheap
barcotanque (m) tanker
barrera al intercambio comercial (f) trade barrier
barreras arancelarias (f) tariff barriers
base de contado (f) cash basis
base de datos data base
base imponible tax base
base monetaria base currency, monetary base
beneficiario (m) beneficiary
beneficio (m) profit
beneficio bruto gross margin, gross profit
beneficio de operación operating profit
beneficio en acciones stock profit
beneficio imprevisto windfall profit
beneficio neto net margin, net profit
beneficios adicionales al sueldo (m) fringe benefits

beneficios personales que resultan del consumo de bienes de la empresa perks
beneficios por realizar paper profits
bienes (m) goods
bienes acompañados accompanied goods
bienes afianzados bonded goods
bienes así como así as-is goods
bienes blandos soft goods
bienes de calidad quality goods
bienes de capital capital goods
bienes de consumo consumer goods
bienes de lujo luxury goods
bienes durables durable goods
bienes especiales specialty goods
bienes fungibles fungible goods
bienes industriales industrial goods
bienes intermedios intermediary goods

bienes muebles chattels
bienes no acompañados unaccompanied goods
bienes no duraderos nondurable goods
bienes prohibidos prohibited goods
bienes raíces real estate
bienes raíces comuneros joint estate
bienes tangibles corpus
billete de moneda de curso legal (m) legal tender
bloqueo de fondos (m) blockage of funds
boicot boycott
boleto válido para la próxima sesión rain check
bolsa (f) exchange (stock, commodity)
bolsa de valores stock exchange
la bonanza boom
el bono bond
bono a plazo de una emisión en que tienen el mismo vencimiento term bond
bono al portador bearer bond
bono de ahorro savings bond
bono de ingreso revenue bond
bono de lastre ballast bonus

bono hipotecario   mortgage bond
bono municipal   municipal bond
bono pagadero en moneda nacional   currency bond
bono redimible   redeemable bond
bono sin intereses   flat bond
bonos de ganancias (m)   income bonds
bonos de rendimiento bajo   low-yield bonds
bonos de respaldo   back-up bonds
bonos del gobierno   government bonds
bonos de Tesorería Británica   gilt (British govt. securities)
bonos del Tesoro   treasury bonds
borrador (m)   rough draft
buena entrega (de valores) (f)   good delivery (securities)
burócrata (m)   bureaucrat
buscar trabajo   job search
búsqueda de ejecutivos (f)   executive search

C

cabildeo (m)   lobbying
cable (m)   cable
cadena de mando (la jerarquía) (f)   chain of command
cadena de tiendas   chain store
caja de seguridad de depósitos (f)   safe deposit box
cajero (m)   teller
calculadora (f)   calculator
cálculo erróneo (m)   miscalculation
calidad comercial (f)   commercial grade
calidad máxima   top quality
calumnia (f)   libel
cámara de comercio (f)   chamber of commerce
cámara de compensación   clearinghouse
cambiar   exchange (v)
cambio (m)   alteration, exchange
cambio exterior   foreign exchange
cambio neto   net change
cambio pequeño de precio   price tick
cambios inminentes (m)   impending changes

camionada (f) truck load
campaña de productividad (f) productivity campaign
campaña de publicidad advertising campaign
campaña para conseguir anunciadores advertising drive
canal de distribución channel of distribution
cancelado en los libros off the books
cancelar cancel, pay off (v)
cancelar una partida doble write off (v)
cansancio debido al vuelo (m) jet lag
cantidad (f) quantity
cantidad descontada quantity discount
capacidad (f) capacity
capacidad de empaquetar bale capacity
capacidad de la planta plant capacity
capacidad de manufacturación manufacturing capacity
capacidad de utilización utilization capacity
capacidad ociosa idle capacity
capacidad productiva de la planta plant capacity
capatáz (m) foreman
capital (m) capital
capital de accionistas shareholder's equity
capital de especulación risk capital
capital de trabajo working capital
capital de trabajo neto net working capital
capital desembolsado paid up capital
capital especulativo venture capital
capital fijo fixed capital
capital invertido invested capital
capital legal legal capital
capital neto net worth
capital ordinario ordinary capital
capitalismo (m) capitalism
capitalización (f) capitalization
capitalizado en exceso (f) overcapitalized
carácter de memoria (m) byte
carbón (m) coal
carga (f) cargo

carga de fardos bale cargo
carga de trabajo work load
carga delantera headload
carga en paleta palletized freight
carga impositiva tax burden
carga máxima peak load
carga promedia burden rate
carga seca dry cargo
carga útil payload
cargamento (m) cargo
cargamento parcial partial cargo
cargamento por la puerta delantera front-end loading
cargo (m) debit
cargo arancelario tariff charge
cargo de admisión cover charge
cargo de muelle por desembarco dock handling charge
cargo por muelle wharfage charge
cargo variable floating charge
cargos (m) charges
cargos (sobre ventas) load (sales charge)
cargos bancarios bank charges
cargos de cambio de títulos switching charges
cargos de estiba stowage charges
cargos de desembarco landing charges
cargos de rescate salvage charges
cargos de transporte shipping charges
cargos diferidos deferred assets, deferred charges, prepaid expenses (balance sheet)
cargos establecidos standing charges
cargos fijos fixed charges
carnet (m) carnet
carretaje (m) drayage
carta (f) letter
carta con anexos cover letter
carta de consignación consignment note
carta de crédito letter of credit
carta de crédito bancaria bank letter of credit
carta de crédito renovable revolving letter of credit

carta de fletamiento sin tripulación ni combustible bareboat charter

carta de garantía letter of guaranty

carta de inversión investment letter

carta de presentación letter of introduction

carta de transmisión cover letter

carta modelo form letter

carta poder proxy statement, power of attorney

cártel (m) cartel

cartelera (f) billboard

cartera (f) portfolio

cartera de acciones stock portfolio

casa de aceptaciónes (f) acceptance house, merchant bank

casa de comercio trade house

casa de moneda mint

casa exportadora export house

casa matriz head office, headquarters

casette (m) cassette

catálogo (m) catalogue

cedente (m) assignor

centralización (f) centralization

centro comercial (m) shopping center

centro de computación computer center

certificado (m) certificate

certificado de acciones stock certificate

certificado de antigüedad auténtica antique authenticity certificate

certificado de depósito certificate of deposit

certificado de desembarque landing certificate

certificado de origen certificate of origin

certificado de uso final end-use certificate

cesionario (m) assignee

ciclo de duración (de un producto) (m) life cycle (of a product)

ciclo de trabajo work cycle

ciclo económico business cycle

cierre de ejercicio (m) year-end

cinta del indicador automático (f) ticker tape

cinta magnética magnetic tape
circuitería física (f) hardware
circulación de cheques en descubierto kiting checks (banking)
cita (engagement) (f) appointment
clase trabajadora (f) working class
clases mutuamente excluyentes (f) mutually exclusive classes
clasificación arancelaria (f) tariff classification
clasificación de bonos bond rating
clasificación de créditos credit rating
clasificación del mercado market rating
clasificación según factores factor rating
cláusula de escape (f) escape clause
cláusula de exención waiver clause
cláusula de oro gold clause
cláusula monetaria currency clause
cláusula para el vencimiento anticipado de una deuda acceleration clause
cláusula penal penalty clause
cláusula que cubre las pérdidas por defectos propios del buque o mercancías Jason Clause
cláusula sobre el tipo de salario, alquiler, etc. escalator clause
cliente (m) customer
coaseguro (m) co-insurance
cobertura (f) coverage
cobertura a futuro forward cover
cobrar a la entrega collect on delivery
cobro adelantado (m) front-end fee
cociente de precio-ingresos netos (m) price-earnings ratio
codicilo (m) codicil
código de trabajo (m) labor code
código postal zip code
coeficiente de cargamento (m) load factor
coeficiente de solvencia current ratio
colateral (m) collateral
colega (m) colleague
colocación privada (f) private placement (finance)

coloquio (m)   colloquium
combinación (f)   combination
combinación de los órganos asesores con los de ejecución (f)   staff and line
combinar   pool (v)
comerciante (m)   merchant, trader, jobber, dealer
comerciar   to trade, to deal (v)
comercio (m)   commerce, dealership, trade
comercio al detalle   retail trade
comercio al por menor   retail trade
comercio exterior   foreign trade
comercio interestatal   interstate commerce
comercio mercantil   commodity exchange
comercio multilateral   multilateral trade
comisión (f)   commission (fee)
comisión comercial   trade commission
comité de trabajo (m)   work committee
comité ejecutivo   executive committee
compañía (f)   company
compañía aseguradora   insurance company
compañía asociada   associate company
compañía cerrada   closely held corporation
compañía cuasi-pública   quasi-public company
compañía de fianzas   guaranty company
compañía de intercambio comercial   trading company
compañía de inversiones   investment trust
compañía doméstica   domestic corporation
compañía extranjera   alien corporation, foreign corporation (to country)
compañía fiduciaria   trust company
compañía financiera   finance company
compañía foránea   foreign corporation (to region)
compañía garante   surety company
compañía inversionista   investment company
compañía matriz   holding company, parent company
compañía pública   public company
comparar y escoger el puesto por el salario   job shop
compensación del ejecutivo (f)   executive compensation

compensación por desempleo unemployment compensation
competencia (f) competition
competencia de precios price war
competidor (m) competitor
componente (m) component
comportamiento de las ganancias (m) earnings performance
compra a futuro (f) forward purchase
compra al mejor buy at best
compra compensadora long hedge
compra de acciones stock purchase
compra impulsiva impulse buying
comprador (m) buyer
comprador de valores para su propia cuenta y de su cuenta market-maker (securities)
comprador potencial potential buyer
comprador residente resident buyer
comprar purchase (v)
comprar a la apertura buy on opening
comprar al cierre buy on close
comprar la parte de buy out (v)
comprobante (m) voucher
comprobante de venta bill of sale
compromiso (m) commitment
compulsión (f) duress
computadora (f) computer, word processor
computadora análoga analogue computer
computadora digital digital computer
computadora híbrida hybrid computer
computadora principal mainframe computer
comunicación en masa (f) mass communications
comunicar interface (v)
comunismo (m) communism
con avería with average
con fines no lucrativos nonprofit
conceder un sobregiro grant an overdraft (v)
concejo de trabajo (m) work council

concentración en el mercado (f) market concentration
concepto de la capacidad de pago (m) ability-to-pay concept
concepto de mercadeo marketing concept
concesión (f) allowance
concesión de tierras land grant
concesión recíproca de licencias cross-licensing
concesión tributaria tax allowance
concesionario autorizado (m) authorized dealer
condiciones de atraque y muellaje (f) berth terms
condiciones de crédito (m) credit terms
confidencial confidential
confiscación (f) escheat
confiscación de pedido confirmation of order
conflicto de intereses (m) conflict of interests
conflicto laboral labor freeze
congelamiento de salarios (m) wage freeze
conglomerado (m) conglomerate
conocimiento (m) knowledge
conocimiento de embarque bill of lading
conocimiento de embarque con reservas foul bill of lading
conocimiento de transporte interior inland bill of lading
conocimientos técnicos especializados (m) know-how
consecuencias de una ocurrencia (f) backwash effect
conseguir capital raising capital
consejero sobre inversiones (m) investment adviser
consejo asesor (m) advisory council
consignación (f) consignment, appropriation
consignatario (m) consignee
consignatario de transporte shipping agent
consolidación (f) consolidation
consorcio (m) consortium
constituir incorporate (v)
consultor (m) consultant
consultor gerencial management consultant

consumidor (m) consumer
contabilidad (f) bookkeeping
contabilidad administrativa management accounting
contabilidad de agotamiento depletion accounting
contabilidad de costos cost accounting
contabilidad de partida doble double-entry bookkeeping
contabilizar account for (v)
contable (m) accountant
al contado cash basis
contador (m) accountant
contador público certified public accountant (C.P.A.), chartered accountant
contingencias (f) contingencies
continuación del pedido (f) follow-up order
contralor (m) comptroller, controller
contratación de personal (f) placement (personnel)
contratar hire (v)
contrato (m) contract
contrato a futuro forward contract
contrato colectivo collective bargaining
contrato de costo más tanto fijo cost-plus contract
contrato de mantenimiento maintenance contract
contrato de servicio service contract
contrato de traspaso deed of transfer
contrato de venta de las exportaciones export sales contract
contrato de ventas deed of sale
contrato de ventas condicional conditional sales contract
contrato marítimo maritime contract
contrato pendiente (m) outstanding contract
contrato sindical union contract
contrato vigente working contract
control de agotamiento (m) depletion control
control de calidad quality control
control de cambio exchange control
control de costos cost control
control de crédito credit control

control de existencias stock control
control de fabricación manufacturing control
control de manufactura manufacturing control
control de tensión stress management
control del inventario inventory control, stock control
control financiero financial control
control numérico numerical control
controlar audit (v)
conveniencia paritaria (f) accommodation parity
convenio (m) bargain, agreement, treaty, resolution
convenio colectivo collective bargaining
convenio de aceptación acceptance agreement
convenio de arbitraje arbitration agreement
convenio de conjunto package deal
convenio de trabajo colectivo collective agreement
convenio escrito en el que intervienen tres personas: el otorgante, el cesionario, y el depositario escrow
conversión monetaria (f) currency conversion
convocar junta call (v) a meeting
cooperativa (f) cooperative
copia de tapa dura (f) hard copy
copia literal de contratos legales pasados boiler plate (contract)
copropietario (m) joint owner
corporación (f) corporation
corredor (m) broker
corredor de bienes raíces estate agent
corredor de bolsa stockbroker
corredor de dinero money broker
corredor de menos de cien acciones odd lot broker
corredor de seguros insurance broker
corredor de valores bill broker
corregir debug (v)
correo aéreo (m) air express
correo certificado registered mail
correo directo direct mail
correspondencia (f) correspondence
al costado de alongside (nautical)

coste (m) cost
costear cost (v)
costo (m) cost
costo colectivo joint cost
costo de arranque start-up cost
costo de capital cost of capital
costo de establecerse start-up cost
costo de factores factor cost
costo de factura invoice cost
costo de reemplazo replacement cost
costo de ventas cost of goods sold
costo de vida cost of living
costo descargado landed costs
costo directo direct cost
costo efectivo cost-effective (adj)
costo indirecto indirect cost
costo marginal marginal cost
costo mixto mixed cost
costo original original cost
costo primo prime cost
costo promedio average cost
costo real actual cost
costo total all-in-cost
costo unitario unit cost
costo unitario promedio average unit cost
costo verdadero actual cost
costo y flete cost and freight
costos controlados (m) managed costs
costos de desembarco landing costs
costos de distribución distribution costs
costos de instalación set-up costs
costos de oportunidad opportunity costs
costos de producción production costs
costos de reproducción reproduction costs
costos de sustitución replacement costs
costos establecidos standing costs
costos estándar standard costs
costos evitables avoidable costs

costos fijos fixed costs
costos incrementados increased costs
costos normales standard costs
costos semi-variables semi-variable costs
costos variables variable costs
costumbres locales (m) local customs
cotización (f) quotation
cotización directa direct quotation
cotización en ventanilla over-the-counter quotation
crecimiento (m) growth
crecimiento corporativo corporate growth
crédito (m) credit
crédito a plazos installment credit
crédito al consumidor consumer credit
crédito al fabricante con respaldo de un crédito exterior back-to-back credit
crédito bancario bank credit
crédito comercial trade credit
crédito de aceptación acceptance credit
crédito de exportación export credit
crédito de firma por aval accommodation credit
crédito del comprador buyer credit
crédito mercantil good will
crédito para gastos de capital investment credit
crédito rotativo revolving credit
créditos monetarios (m) monetary credits
criterio para invertir (m) investment criteria
cuadro de actividades (m) activity chart
cuanto antes as soon as possible
cuasi-dinero (m) near money
cuenta (f) account
cuenta abierta open account
cuenta activa active account
cuenta atrasada delinquent account
cuenta bancaria bank account
cuenta colectiva group account
cuenta corriente current account, checking account
cuenta de ahorro savings account

cuenta de capital capital account
cuenta de capital a largo plazo long-term capital account
cuenta de capital de corto plazo short-term capital account
cuenta de crédito charge account
cuenta de depósito deposit account
cuenta de gastos expense account
cuenta de ingreso income account
cuenta de plica escrow account
cuenta del mayor ledger account
cuenta detallada itemized account
cuenta discrecionaria discretionary account
cuenta en descubierto overdraft, overdrawn account
cuenta mancomunada (en participación) joint account
cuenta marginal marginal account
cuenta saldada closed account (accounting)
cuentas anuales (f) annual accounts
cuentas aseguradas secured accounts
cuentas incobrables uncollectable accounts
cuentas mancomunadas group accounts
cuentas por cobrar accounts receivable, notes receivable
cuentas por pagar accounts payable, notes payable
cuidado razonable (m) reasonable care
cuota (f) quota, allotment, lot
cuota de exportación export quota
cuota de importación import quota
cuota de participación participation fee
cuota de ventas sales quota
cupón (m) coupon (bond interest)
cupón cero zero coupon
curso del comerciante (m) jobber's turn
curva de campana (f) bell-shaped curve
curva de frecuencia frequency curve
curva del aprendizaje learning curve

CH

cheque (m) check

cheque anulado voided check
cheque bancario bank check
cheque cancelado cancelled check
cheque certificado certified check
cheque de gerencia cashier's check
cheque de viajero traveler's check
cheque registrado registered check
cheque vencido stale check
cheques cobrados y no abonados (m) float (outstanding checks)

D

daño accidental (m) accidental damage
daños y perjuicios (m) damage
dar la vuelta go around (v)
dato confidencial (m) tip (inside information)
datos (m) data
datos-entrada a la computadora computer input
de ingresos bajos low-income
de puerta en puerta (ventas) door-to-door (sales)
de un día para otro overnight
debate (m) dispute
debatir dispute (v.)
débito (m) debit, debit entry
decisión de hacer o comprar (f) make-or-buy decision
declaración de exportaciones (f) export entry
declaración de importación import declaration
declaración jurada affidavit entry
declaración provisional bill of sight
declarar una huelga call (v) (a strike)
declarse en huelga walk out (v)
deducción (f) deduction
deducción por impuestos pagados en el exterior foreign tax credit
deducible deductible
defecto en el programa de computación (m) bug (defect in computer program)
defectuoso defective
déficit (m) deficit
deflación (f) deflation

degrado (f) demotion
dejar hacer laissez-faire
deliberación (f) consideration (bus. law)
demanda (f) demand
demanda agregada aggregate demand
demanda o oferta inelástica inelastic demand or supply
demanda para margen adicional margin call
demandar demand (v)
demográfico demographic
demora (f) demurrage
departamento (m) department
departamento arrendado leased department
departamento de contabilidad accounting department
departmento de ingeniería y diseño engineering and design department
departamento de personal personnel department
depositaria (f) depository
depósito (m) deposit, warehouse
depósito a la vista demand deposit
depósito a plazo time deposit
depósito bancario bank deposit
depósito nocturno night depository
depósitos de importación (m) import deposits
depreciación (f) depreciation
depreciación acelerada accelerated depreciation
depreciación acumulada accrued depreciation, accumulated depreciation
depreciación de la moneda depreciation of currency
depresión (f) depression
derecho al voto (m) voting right
derecho de aduana customs duty
derecho de patente patent law
derecho de prioridad pre-emptive right
derecho de recurso right of recourse
derecho mercantil mercantile law
derecho preferencial pre-emptive right
derecho protector contra importación a precios arbitrarios anti-dumping duty

derechos (m) duties, rights
derechos adquiridos acquired rights, vested rights
derechos de anclaje anchorage (dues)
derechos de autor copyright
derechos de exportación export duty
derechos de la licencia license fees
derechos de practicaje pilotage
derechos portuarios harbor dues
derechos únicos sole rights
desalineado off line
desarrollar relaciónes comerciales network (v)
desarrollo del producto (m) product development
desarrollo de un nuevo producto new product development
desarrollo urbano urban sprawl
descanso (m) coffee break
descargar discharge, unload (v)
descargo charge-off
descenso (m) demotion
descenso brusco de precios slump
descripción del trabajo (f) job description
descuento (m) discount, drawback
descuento cambiario exchange discount
descuento comercial trade discount
descuento en efectivo cash discount
descuento sobre el volumen volume discount
descuento unitario por carga unit load discount
desembolso (m) outlay, disbursement
desempleo (m) unemployment
desfalco (m) embezzlement
desfavorable unfavorable
desgravamen (m) tax relief
desgravamen impositivo tax deduction
desgravamen personal personal deduction
desincentivo (m) disincentive
despacho (m) shipment
despacho directo del fabricante al detallista drop shipment
despedir discharge, fire (v)

desperdicio (m) spoilage
despido (m) lay-off
despojamiento (m) divestment
después del día de vencimiento afterdate
desventaja (f) handicap, disadvantage
desviación estándar (f) standard deviation
detallar itemize (v)
detallista (m) dealer
deterioro (m) spoilage
deterioro natural debido al uso wear and tear
determinar assess (v)
deuda (f) debt
deuda a corto plazo short-term debt
deuda a largo plazo long-term debt
deuda con vencimiento de más de un año funded debt
deuda extranjera foreign debt
deuda flotante floating debt
deuda incobrable bad debt
deuda nacional national debt
deuda no cobrada outstanding debt
deudas activas (f) active debts
deudas preferenciales preferential debts
devaluación (f) devaluation
devoluciones por adelantado (f) advance refunding
día de liquidación en bolsa account day
día de trabajo workday
día feriado bancario bank holiday
día feriado pagado paid holiday
día festivo legal legal holiday
diagrama de flujo (m) flow chart
diagrama de sectores pie chart
diario (m) daily, journal
días de estadía (m) lay time, lay days
diferencia (f) spread
diferencia bruta gross spread
diferencia de precios price differential
diferencia de tarifas tariff differential
diferencia entre precio y costo tan pequeña que puede originar la quiebra cost-price squeeze

diferencia entre precios de entrega inmediata y futura backwardation

digital digital

dígito binario (m) bit

dinámica de grupo (f) group dynamics

dinámica del mercado market dynamics

dinámica del producto product dynamics

dinero (f) money

dinero a la vista call money

dinero caliente hot money

dinero en circulación currency

dinero nuevo new money

direcciones (f) guidelines

director (m) director

director ejecutivo executive director, chief executive

director financiero financial director

directorio entrelazado (m) interlocking directorate

dirigir manage (v)

disco (m) disk

disco flexible floppy disk

discrecional optional

discusión (f) dispute

discusión laboral labor dispute

discutir dispute (v)

diseño (m) pattern

diseño de sistemas systems design

diseño del producto product design

disminución (f) abatement

disminución de la producción para el interior en favor de la exportación en naciones subdesarrolladas backwash effect

disminución de un impuesto remission of a tax

disponibilidades (f) actuals

disponible at call, available

disputa salarial (f) wage dispute

disputar dispute (v)

distribuidor (m) distributor

diversificación (f) diversification

dividendo (m) dividend

dividendo en efectivo cash dividend
dividendo incluso cum dividend
dividendos extras (m) extra dividends
dividendos omitidos passed dividends
divisas (f) foreign exchange (hard currencies)
división del trabajo (f) division of labor
documento (m) document, indenture, official paper, instrument
documento avalado accommodation paper
documento directo direct paper
documento limpio clean document
documento público donde se enumeran a los aseguradores de una emisión de valores tombstone
documentos de trabajo (m) working papers
domicilio de la empresa (m) place of business
dominio público (m) public domain
donación (f) bequest
dotación (f) endowment
dueño (m) proprietor
dueño ausente absentee ownership
duopolio duopoly
duplicación overlap

E

económico economic
econometría (f) econometrics
economía (f) economics
economía controlada managed economy
economía de aficionados jawbone (economics)
economía de escala economy of scale
economía keynesiana Keynesian economics
efectivo (m) cash
efectivo disponible ready cash
efectivo pagado por adelantado cash in advance
efectivo para cubrir letras en blanco open cover
efecto contra dos personas (m) two-name paper
efectos agrícolas agricultural paper
eficiencia (f) efficiency
egreso (m) disbursement

ejecutivo (m) executive
ejecutivo de cuentas account executive
ejecutivo de la organización line executive
ejecutor testamentario (m) executor
ejemplar (m) copy (text)
ejemplar gratuito complimentary copy
ejercicio financiero (m) financial year
ejercicio período contable accounting period
ejercicio (período) financiero financial period
ejercicios prácticos (m) workshop
elaboración de los datos (f) data processing
elasticidad de precio (f) price elasticity
elementos sobresalientes financieros (m) financial highlights
eliminar gradualmente phase out
embalaje (m) packaging
embalaje de cajas packing case
embarcado en consignación (m) on consignment
embargo (m) embargo
embarque ferroviario (m) rail shipment
embarque futuro forward shipment
embarques aéreos (m) air shipments
embarques ilegales illegal shipments
emisión (f) issue (stock)
emisión de bonos bond issue
emisión de moneda mint
emisión fiduciaria fiduciary issue
emisión prioritaria senior issue
emitir issue (v)
emitir valores float (v) (issue stock)
emplazamiento (m) garnishment
empleado (m) employee
emprender undertake (v)
empresa (f) firm, enterprise
empresa asociada member firm
empresa de alta tecnología high technology firm
empresa de crédito lending firm
empresa de transporte freight forwarder, common carrier

empresa de transporte por contrato   contract carrier
empresa líder   lending firm
empresa multinacional   multinational corporation
empresa nueva en la que se arriesga capital   venture capital
empresario (m)   entrepreneur
empresas vinculadas a otras que operan como si no lo fueran (f)   arm's length
en el futuro   down the line
en el mejor de los casos   at best
en el mercado   at the market
en el reverso   on the back
en fábrica   ex mill
en gran escala   large-scale
en la mina   ex mine
en línea   on line
en respuesta a   in reply to
en tránsito   in transit
en y desde   at and from
endeudado   in the red
endeudamiento (m)   indebtedness
endosatorio (m)   endorsee
endoso (m)   endorsement
endoso de favor   accommodation endorsement
endoso limitado   qualified acceptance endorsement
engaño (m)   double dealing, fraud, deceit
engañoso   misleading
enlace (m)   liaison
enmendar   amend (v)
enmienda (f)   amendment
ensamblar   assemble (v)
ensayo (m)   assay
entrada (f)   input, entry
entrada de aduana   customs entry
entrada de efectivo   cash entry
entrada en el libro mayor   ledger entry
entre bancos   interbank
entrega (f)   delivery
entrega al momento y pago en efectivo   cash delivery

entrega en descubierto short delivery
entrega inmediata spot delivery
entregas diferidas (f) deferred deliveries
entrenamiento recíproco (m) reciprocal training
entrevista (f) interview
envase (m) container
envío (m) shipment, dispatch
envío de paquetes por correo parcel post
envío incompleto short shipment
equilibrio (m) balance (economic)
equipo (m) rolling stock, equipment
equipo administrativo management team
equipo gerencial management team
ergonomía (f) ergonomics
erogación (f) expenditure
error (m) error
error de procesamiento processing error
escala móvil (f) sliding scale
escala salarial wage scale
escasez (f) shortage, short supply
escritura (f) deed, script, writ
escritura de constitución (de una sociedad anónima) certificate of incorporation
escritura de fideicomiso deed of trust
especialista (el miembro de la bolsa de valores responsable de mantener un mercado ordenado y justo en las acciones registradas) (m) specialist (stock exchange)
especificaciones de embalaje (f) packing list
especulador (m) speculator
especulador en bolsa scalper
especulador sobre la baja del mercado bear
espiral de precios y salarios (m) wage-price spiral
estabilización de precios (m) pegging
establecimientos (m) premises
estación de trabajo (f) workstation
estación de trabajo solitario stand-alone workstation
estacional seasonal
estadística (f) statistics
estado (m) statement

estado de cuenta statement of account
estado de cuenta bancaria bank statement
estado de flujo de caja cash flow statement
estado de ganancias y pérdidas income statement, profit-and-loss statement
estado de operación operating statement
estado del mercado market position
estado financiero financial statement, balance sheet
estado financiero consolidado consolidated financial statement
estado financiero simulado pro forma statement
estado intermedio interim statement
estagflación stagflation
estancamiento (m) deadlock
estándar de vida (m) standard of living
estandardización (f) standardization
estar parado en la cola stand in line (v)
estatuto (m) statute
estatuto de limitaciónes (m) statute of limitations
estatutos (m) by-laws
estiba (f) stowage
estiba con vacíos broken stowage
estimación (f) estimate, forecast
estimación aproximada guessmate, rough estimate
estimación de beneficio profit projection
estimación de ventas sales estimate
estimación lineal lineal estimation
estimar estimate, forecast (v)
estipulaciones del margen (f) margin requirements
estrategia comercial (f) business strategy
estrategia competitiva competitive strategy
estrategia inversionista investment strategy
estructura corporativa (f) corporate structure
estructura de capital capital structure
estructura salarial wage structure
estudio de la motivación (m) motivation study
estudio de los componentes de un artículo value engineering
estudio del mercado market survey

eurobono (m) Eurobond
eurodólar (m) Eurodollar
euromoneda (f) Eurocurrency
evaluación (f) evaluation
evaluación de riesgos risk assessments
evaluación del trabajo job evaluation
evasión de impuestos (f) tax evasion
evitar las pérdidas ocasionadas por las fluctuaciones de precios hedge (v)
ex buque ex ship
excedente de capital (m) capital surplus
exención (f) exemption
exención personal (m) personal exemption
exceso de productos (f) surplus goods
excluir omit (v)
excursión de placer (f) joy ride
exoneración bancaria (f) bank release
expectativas realizadas (f) up to our expectations
expedidor de fletes (m) freight forwarder
exportación, para la export, for
exportaciones de capital (f) capital exports
exportaciones esenciales key exports
exportar export (v)
expropriación (f) expropriation
extraer take out (v)

F

fábrica (f) factory
fabricación en serie (f) mass production
fabricante (m) manufacturer
fácil para el usario user-friendly
factor (m) factor
factor de beneficio profit factor
factor de carga factor, load
factor de costo cost factor
factor de la utilidad profit factor
factores del mercado (m) market forces
factorizar factor (v)
factura (f) invoice, bill

factura comercial commercial invoice
factura consular consular invoice
factura de venta bill of sale
factura pro-forma pro forma invoice
facturación cíclica (f) cycle billing
falsificación (f) forgery, counterfeit
falso flete (m) dead freight
falta de cumplimiento (f) nonfeasance
falta de incentivo disincentive
faltar default, be short of (v)
fase descendente (f) down swing
fecha de entrega (f) date of delivery, delivery date
fecha de vencimiento expiry date, maturity date
fecha del cierre del registro record date
fecha del intercambio trade date
fecha previa back date
fechado (con fecha adelantada) postdated
feria comercial (f) trade fair
fianza (f) guaranty bond
fianza de cumplimento performance bond
fianza de fidelidad fidelity bond
fianza general blanket bond
fibras artificiales (f) manmade fibers
fideicomisario (m) trustee
fideicomiso (m) trust
fideicomiso activo active trust
fideicomiso inter vivos living trust
fideicomiso revocable revocable trust
fiduciario (m) fiduciary
fijación de precios (f) price fixing
fijar el tipo de interés lock in (rate of interest) (v)
filtración (f) leakage
final del período (m) end of periods
finalizar finalize (v)
financiación interna (f) internal funding
financiamiento a corto plazo (m) short-term financing
financiamiento adelantado front-end financing
financiamiento mediante déficit deficit financing

financiar finance (v)
firma (f) signature, firm
firma autorizada authorized signature
fletador (m) shipper
fletar todas las especies freight all kinds (v)
fletamento (m) affreightment
flete (m) freight
flete aéreo air freight
flete incluído freight included
flete pagado advance freight
flete pagado por adelantado freight prepaid
flete por cobrar freight collect
flota privada (f) private fleet
flujo de caja (m) cash flow
flujo de caja descontado discounted cash flow
flujo de caja negativo negative cash flow
flujo de caja neto net cash flow
flujo de caja positivo positive cash flow
fondo (m) fund
fondo de amortización redemption fund, sinking fund
fondo de contingencia contingency fund
fondo de fideicomiso trust fund
fondo de jubilación pension fund
fondo de seguros insurance fund
fondo mutuo mutual fund
fondo rotativo revolving fund
fondos de asesoramiento (m) advisory funds
fondos de operación working funds, working balance
fondos públicos public funds
formato (m) format
formulario de solicitud (m) application form
fortuna (f) estate, wealth, fortune
fracasar fail
fracaso (m) failure
franco a bordo free on board
franco en almacén ex warehouse
franco en el muelle ex dock
franco en fábrica ex factory

franquicia (f) franchise
fraude (m) fraud
fresado (m) milling (wood)
frontera (f) border
fuente segura (f) reliable source
fuera de la bolsa off board (stock market)
fuera de línea off line
fuera de los libros off the books
fuerza de trabajo (f) manpower, task force
fuerza laboral labor force, work force
fuerza mayor act of God, force majeure
funcionarios (m) staff
fusión (f) amalgamation
fusión de empresas merger
futuros (m) futures

G

ganancias (f) earnings
ganancias (las pérdidas) de capital (f) capital gains (losses)
ganancias de operación operating income
ganancias retenidas retained profits
ganancias sobre los activos earnings on assets
ganga (f) bargain (sale)
garantía (f) guarantee, pledge, safeguard, warranty
garantía de indemnización letter of indemnity
garantizar warrant (v)
gasto (m) outlay
gastos (m) expenses
gastos acumulados por pagar accrued expenses
gastos administrativos administrative expenses
gastos controlables controllable costs
gastos corrientes running expenses
gastos de capital capital expenditure, capital spending
gastos de embarque shipping expenses
gastos de estadía demurrage
gastos de interés interest expenses
gastos de lanchaje lighterage

gastos de mudanzas moving expenses
gastos de operación operating expenses
gastos de publicidad advertising expenses
gastos de transporte shipping expenses
gastos deficitarios deficit spending
gastos directos direct expenses
gastos efectivos out-of-pocket expenses
gastos fijos fixed expenses
gastos generales de fabricación factory overhead
gastos generales fijos overhead
gastos indirectos indirect expenses
gastos menudos incidental expenses
gerencia (f) administration, management
gerencia de crédito credit management
gerencia de negocios business management
gerencia de operaciones operations management
gerencia de producción product management
gerencia de sistemas systems management
gerencia de ventas sales management
gerencia en línea line management
gerencia financiera financial management
gerencia intermediaria middle management
gerencia matricial matrix management
gerencia por equipo team management
gerenciar manage (v)
gerente (m) manager
gerente asistente assistant manager
gerente comprador purchasing manager
gerente de exportaciones export manager
gerente de planta plant manager
gerente de marca brand manager
gerente de publicidad advertising manager
gerente de zona area manager
gerente general general manager
gerente general asistente assistant general manager
gerente monetario money manager
gestionar negotiate (v)
girado (m) drawee

girador (m) drawer (of a check), maker (of a check, draft)
giro (m) bill
giro bancario bank draft, bank money order
giro postal money order
gobierno (m) government
grado de inversión (m) investment grade
gráfica (f) graph
gran almacén (m) department store
grano (m) grain
gravamen (m) encumbrance, lien
gravamen combinado combination duty
gravamen de constructor mechanic's lien
gravamen del vendedor vendor's lien
gremio abierto (m) open shop
gremio de obreros trade union
gremio mercantil merchant guild
grupo administrativo (m) management group
grupo de entrenamiento training group
grupo de productos product group
grupo gerencial management group
guerra arancelaria (f) tariff war
guerra de precios price war
guía para fabricar piezas idénticas (m) jig (production)

H

hacer disponible make available (v)
hacer efectivo cash (v)
hacer un pedido place an order (v)
hasta nuestras expectativas up to our expectations
heliografía (f) blueprint
herencia (f) estate
herramientas (f) tools (hardware)
hipoteca (f) lien, mortgage, hypothecation
hipoteca con intereses variables variable rate mortgage
hipoteca sobre bienes muebles chattel mortgage
hoja de acontecimientos (f) fact sheet

hoja electrónica spreadsheet
hoja impresa printout
hombre independiente (m) freelance
honorario de administración (m) management fee
honorarios de agencia (m) agency fee
hora estándar (f) standard time
hora-hombre (f) man hour
horario (m) schedule, timetable
horario zonal time zone
horas de trabajo (f) working hours
huelga general (f) general strike
huelga no sancionada por el sindicato wildcat strike
hurtar pilfer (v)
hurto (m) pilferage

I

identificación bancaria (f) bank carnet
ilegal illegal
imagen corporativa (f) corporate image
imagen de la marca brand image
imitación (f) imitation
impactar impact on (v)
impacto del beneficio (m) profit impact
impase (m) deadlock
implicación (f) implication
imponer contribuciones levy taxes (v)
importación (f) import
importador vigente (m) importer of record
importar import (v)
importe debido (m) amount due
importe vencido amount due
imposición múltiple de impuestos (f) multiple taxation
imposición variable sobre importaciones variable import levy
impracticable unfeasible
imprenta por offset (f) offset printing
impresos (m) printed matter
imprimir mint (v)

impuesto (m)   tax
impuesto a la corporación   corporation tax
impuesto a las exportaciones   export tax
impuesto a las ventas   sales tax
impuesto adicional   surtax
impuesto al consumo   excise tax
impuesto anti-dumping   anti-dumping duty
impuesto de exportación   export duty
impuesto de importación   import tax
impuesto de uso   use tax
impuesto específico   specific duty
impuesto indirecto   indirect tax
impuesto regresivo   regressive tax
impuesto sobre el ingreso personal   personal income tax
impuesto sobre el valor añadido (I.V.A.)   value-added tax (V.A.T.)
impuesto sobre la nómina   payroll tax
impuesto sobre la renta   income tax
impuesto sobre lujos   luxury tax
impuesto sobre rentas al por menor   retail sales tax
impuesto sobre ventas   excise tax
impuesto sobre ventas al detalle   retail sales tax
impuesto sucesorio   estate tax, inheritance tax
impuestos (m)   duties
impuestos acumulados   accrued taxes
impuestos ad valorem   duty ad valorem
impuestos atrasados   back taxes
impuestos de exportación   export taxes
impuestos diferidos   deferred taxes
impuestos indirectos   excise duties
impuestos locales   local taxes
impuestos sobre tierras   land taxes
impulso debido a la emisión de deuda (m)   leverage
impulsor de discos (m)   disk drive
imputado   imputed
incautar   impound (v)
incentivo (m)   incentive
incentivo financiero   financial incentive

incertidumbre sobre la tendencia salarial (f) wage drift
incorporar incorporate (v)
incorporar gradualmente phase in (v)
incrementar increase (v)
incumplir default (V)
indemnización (f) indemnity, compensation
indemnización par despido severance pay
indexación (f) indexing
indicaciones (f) guidelines
indicador anticipado (m) leading indicator
indicador de rezago lagging indicator
indicadores económicos (m) economic indicators
índice (m) index (indicator), table of contents
índice compuesto composite index
índice contable accounting ratio
índice de acciones stock index
índice de crecimiento growth index
índice de liquidez liquidity ratio
índice de precio price index
índice de precios al consumidor consumer price index
índice del mercado market index
índices del balance (m) balance ratios
indumentaria (f) apparel
industria (f) industry
industria bancaria banking industry
industria creciente growth industry
industria del mercado libre free market industry
industria naciente infant industry
industria pesada heavy industry
ineficiente inefficient
inestabilidad (f) instability
inferior al nivel normal substandard
inflación (f) inflation
inflacionista inflationary
información particular a computadoras (f) data
informe (m) report
informe anual annual report

informe de ganancias earnings report
informe del mercado market report
infraestructura (f) infrastructure
ingeniería (f) engineering
ingeniería civil civil engineering
ingeniería de diseño design engineering
ingeniería de sistemas systems engineering
ingeniería eléctrica electrical engineering
ingeniería industrial industrial engineering
ingeniería mecánica mechanical engineering
ingreso neto (m) net income
ingresos (m) revenue, income
ingresos acumulados accrued revenue
ingresos ajustados adjusted earned income
ingresos brutos gross income
ingresos diferidos deferred income
ingresos disponibles disposable income
ingresos libre de impuestos tax-free income
ingresos marginales marginal revenue
ingresos no merecidos unearned revenue
ingresos por hora hourly earnings
ingresos por intereses interest income
ingresos retenidos retained earnings
ingresos verdaderos actual income
iniciador de ajustes adjustment trigger
injusto unfair
innovación (f) innovation
insolvente insolvent
inspección (f) inspection
inspeccionar audit (v)
inspector (m) inspector
inspector bancario bank examiner
instalaciones (f) facilities
instrucción permanente (f) standing order
instrucciones de embarque (f) shipping instructions
instruir instruct
instrumento (m) instrument
instrumento de renuncia quit claim deed

instrumentos (m) tools
instrumentos de trabajo working tools
insuficiente inadequate
insuficiencia de capital (f) undercapitalization
insumo (m) input
integración vertical (f) vertical integration
intercambiar exchange, trade (v)
intercambio (m) trade
intercambio a nivel de mayorista wholesale trade
intercambio bancario bank exchange
intercambio compensatorio trade
intercambio después de las horas regulares after-hours trading
intercambio en acciones stock-in-trade
intercambio monetario currency exchange
interés (m) interest
interés a largo plazo long-term interest
interés acumulado accrued interest
interés compuesto compound interest
interés incoado inchoate interest
interés mayoritario majority interest
interés predominante controlling interest
intereses creados (m) vested interests
intereses minoritarios minority interests
interestatal interstate
interino (m) interim
interior internal
intermediario (m) intermediary, middle man, broker
intermediario de exportaciones export middleman
intermediario en programa de computación software broker
interno internal
intervenir intervene (v)
inundación (f) glut
inundación del mercado con precios por debajo del costo dumping goods in foreign markets
invalidar invalidate, nullify, supersede (v)
inválido void
inventario (m) inventory

inventario a costos más viejos last in-first out
inventario de bienes terminados finished goods inventory
inventario físico physical inventory
inventario periódico periodic inventory
inventario permanente perpetual inventory
inventario según libros book inventory
inversión (f) investment
inversión bruta gross investment
inversión en acciones equity investment
inversión fija fixed investment
inversión legal legal investment
inversión neta net investment
inversión real real investment
inversiones directas (f) direct investments
inversionista institutional (m) institutional investor
invertir invest (v)
investigación (f) research
investigación acerca de los hábitos de consumo consumer research
investigación aplicada action research
investigación publicitaria advertising research
investigación y desarrollo research and development
investigaciones del mercado (f) market research
investigar y resolver un problema troubleshoot (v)
invisible invisible
invitación a concurso (f) invitation to bid
itinerario (m) schedule, timetable

J

jefe (m) leader
jefe contador chief accountant
jefe de compras chief buyer
jornada (f) workday
jornalero (m) journeyman
jubilación (f) retirement
juicio (m) lawsuit, adjudication
junta (f) commission (agencies)
junta directiva board of directors

junta ejecutiva executive board
juntas de inspectores (f) boards of supervisors
jurado sworn
jurisdicción (f) jurisdiction
justo valor de mercado (m) fair market value

L

labor (m) labor
lastre fiscal (f) fiscal drag
latigazo (m) lash
lealtad a la marca (f) brand loyalty
legado (m) legacy, bequest
legislación del trabajo (f) labor code
lenguaje algorítmico (m) algorithmic language
lenguaje de computación computer language
letra a favor (f) accommodation bill
letra a plazo time bill (of exchange)
letra aceptada acceptance bill
letra de cambio bill of exchange, draft, bill
letra sobre el interior domestic bill
letras de cambio extranjeras (f) foreign bill of exchange
letras del Tesoro treasury bills
ley (f) law
ley de rendimientos decrecientes law of diminishing returns
ley del trabajo labor law
leyes antimonopolio (f) antitrust laws
librado (m) drawee
librador (m) drawer (of a check)
libre al costado del vapor free alongside ship
libre comercio (m) free trade
libre de avería particular free of particular average
libre de gravamen free and clear
libre de impuestos duty free
libre empresa (f) free enterprise
libre sobre carril free on rail
libreta bancaria (f) passbook
libro de caja (m) cash book

libro mayor (m) ledger
licencia (f) license
licencia de importación (f) import license
licitar put in a bid (v)
líder (m) leader
líder laboral labor leader
límite de intercambio (m) trading limit
línea de crédito (f) credit line
línea de crédito a la vista demand line of credit
línea de Fecha Internacional International Date Line
línea de huelga picket line
línea de montaje assembly line, production line
línea de muestreo sample line
línea de negocios line of business
línea de productos product line
lineal linear
liquidación (f) liquidation
liquidez (f) liquidity
lista de artículos exentos de derechos (f) free list (commodities without duty)
lista de precios price list
lista de verificación checklist
listado (m) listing
listo para ponerse (m) ready-to-wear
litigación (f) litigation
lo más pronto posible as soon as possible
locales (m) premises
localidad de reparto aprobada (f) approved delivery facility
logística (f) logistics
logotipo (m) logo
lote (m) lot
lote ordenado económico economic order quantity

LL

llevar al máximo maximize (v)
lluvia de ideas (f) brainstorming

M

macroeconomía (f) macroeconomics

maíz (m) maize
mal cálculo (m) miscalculation
mala interpretación (f) misunderstanding
malentendido (m) misunderstanding
maletín (m) briefcase
maletín ejecutivo attache case
mancomunar fondos pool (funds) (v)
mancomunar intereses pooling of interests
mandamiento (m) writ
mandato (m) mandate, power of attorney
manejador (m) handler
manejo (m) administration (handling of)
manejo de caja cash management
manejo de quejas grievance procedure
manifiesto (m) manifest
manifiesto de carga waybill
mano de obra directa (f) direct labor (accounting)
mano de obra especializada skilled labor
mano de obra indirecta indirect labor
mantener service (v)
mantener al corriente keep posted (v)
mantenimiento maintenance
mantenimiento de libros por partida doble double-entry bookkeeping
mantenimiento preventivo preventive maintenance
maqueta (f) mock-up
maquinaria (f) machinery
maquinista (m) operator (machine)
marca de fábrica (f) brand, trademark
marca privada private label (or brand)
marca registrada registered trademark
marca sindical union label
margen al futuro (m) forward margin
margen bruto gross margin
margen de beneficio profit margin
margen de ganancias markup
margen de mantenimiento maintenance margin
margen de prestación lending margin
margen de seguridad margin of safety

margen del beneficio profit margin
margen neto net margin
margen variable variable margin
marketing (m) marketing
más interés acumulado plus accrued interest
material rodante (m) rolling stock
materiales (m) materials
materiales primas (m) raw materials
máxima carga (f) peak load
mayorista (m) jobber, wholesaler
mayorista que vende indiscriminadamente rack jobber
media aritmética (f) arithmetic mean
media ponderada weighted average
mediación (f) mediation
mediana (f) median
mediar en una desavenencia troubleshoot (v)
medida de yardas (f) yardstick
medidas para la protección de los derechos personales (f) affirmative action
medio de cambio (m) medium of exchange
medios de publicidad (m) advertising media
medios públicos de comunicación (m) mass media
medir measure (v)
mejor postor (m) highest bidder
mejorar improve upon (v)
mejoras (f) improvements
memorándum (m) memorandum
memoria de la computadora (f) computer memory
memoria en cinta magnética magnetic memory
menos de cien acciones broken lot
menos que un camión completo less-than-a-truckload
menos que un vagón completo less-than-a-carload
mensaje (m) dispatch, message
mercadear market (v)
mercadeo (m) marketing
mercadería acompañada (f) accompanied goods
mercado (m) outlet, market, marketplace
mercado abierto open market

mercado ajustado   tight market
mercado al contado   spot market
mercado al por mayor   wholesale market
mercado alcista   upmarket
mercado bajista   bear market
Mercado Común   Common Market
mercado con poca actividad   thin market
mercado de acciones   stock market
mercado de alcistas   bull market
mercado de capital   capital market
mercado de compradores   buyers' market
mercado de dos niveles   two-tiered market
mercado de ventas al por menor   retail outlet
mercado doméstico   home market
mercado futuro   forward market
mercado gris   gray market
mercado inestable   volatile market
mercado invertido (inverso)   inverted market
mercado laboral   labor market
mercado libre   free market
mercado marginal   fringe market
mercado monetario   money market
mercado negro   black market
mercado primario   primary market
mercado secundario de valores   secondary market (securities)
mercancía (f)   commodity
mercancía al por menor   retail merchandise
mercancías (f)   goods, merchandise
mercancías secas o finas   dry goods
mercantil   mercantile
mes de la entrega (m)   contract month
metales (m)   metals
meter guión para separar sílabas   hyphenate (v)
método (m)   method
método de acumulacíon   accrued method
método de contabilidad   accounting method
microcomputadora (f)   microcomputer
microficha (f)   michrochip

microfichero (m) microfiche
micropelícula (f) microfilm
microprocesador (m) microprocessor
miembro de la empresa (m) member of firm
miembro de por vida life member
minicomputadora (f) minicomputer
misceláneo miscellaneous
moción (f) motion
moda (f) mode
modelo (m) model
modelo matemático mathematical model
moderno modern
modificación para mantener una apariencia (f) window dressing
molienda (f) milling (grain)
moneda (f) money
moneda bloqueada blocked currency
moneda de curso legal legal tender
moneda débil (blando) soft currency
moneda estable hard currency
moneda extranjera foreign currency, foreign exchange
moneda fraccionaria hard currency
monitor (m) monitor
monopolio legal (m) legal monopoly
monopsonio (m) monopsony
montar assemble (v)
moral (f) morale
moratoria (f) moratorium
movilidad laboral (f) mobility of labor
múltiplos (m) multiples
muelle (m) (el recibo de muelle) dock (ship's receipt)
muestra al azar (f) random sample
muestra de aceptación acceptance sampling
muestra mixta mixed sampling
muestras que hacen juego (f) matched samples
muestrear sample (v)
multa (f) fine, penalty
multiplicador (m) multiplier

multiplicidad de monedas (f) multicurrency

N

nacionalismo (m) nationalism
nacionalización (f) nationalization
naciones subdesarrolladas (f) underdeveloped nations
necesidades (m) requirements
negligente negligent
negociable negotiable
negociación (f) negotiation
negociaciones arancelarias lineales (f) across-the-board tariff negotiation
negociante (m) dealer
negociar negotiate (v)
negocio (m) deal, dealership
negocio en paquete package deal
negocio en participación joint venture
negocio pequeño small business
neto net
nivel de calidad aceptable (m) acceptable quality level
nivel de vida standard of living
nivel salarial wage level
nivelar level out (v)
no aceptar dishonor (as a check)
no archivado por nombre en cualquier otra forma not otherwise indexed by name
no es miembro de nonmember
no hay problema no problem
no lucrativo nonprofit
no registrado unlisted
no residente nonresident
nombramiento (m) appointment
nómina (f) payroll
norma (f) norm
norma del hombre prudente prudent man rule
norma para poder ejercer la exigibilidad a la vista call rule
nota (f) memorandum

nota bancaria bank note
nota de crédito credit note
nota de débito debit note
nota de pago grande generalmente al final balloon note
notación binaria (f) binary notation
notario público (m) notary
notas del Tesoro (f) treasury notes
notificación de reparto (m) allotment letter
novación (f) novation
nudo (m) knot (nautical)
nueva emisión (f) new issue
nulo void
nulo y sin valor null and void
número de acciones de ciento o múltiples de ciento (m) round lot
número de cuenta account number
número de referencia reference number
número del pedido order number

O

objetivo de la compañía (m) company goal
obligación (f) obligation
obligación hipotecaria bond, mortgage debenture
obligaciones agrícolas (f) agricultural paper
obligaciones con vencimiento escalonado serial bonds
obligaciones convertibles convertible debentures
obligaciones (sinónimo genérico de deuda) debentures
obligado a liable to
obra muerta (f) freeboard
obrar recíprocamente interact (v)
obrero (m) blue collar worker, laborer
obrero que reemplaza al huelguista strikebreaker
obreros manuales (m) manual workers
obsolescencia (f) obsolescense
obsolescencia planificada planned obsolescence
obstáculo (m) handicap
obtención (f) procurement

ocupación (f) occupation
oferente (m) supplier
oferta agregada (f) aggregate supply
oferta cerrada sealed bid
oferta de compra tender offer
oferta de dinero money supply
oferta de prima premium offer
oferta para la adquisición takeover bid
oferta por escrito written bid (stock exchange)
oferta pública public offering
oferta verbal oral bid (stock exchange)
oferta y demanda supply and demand
oficina (f) office
oficina de crédito credit bureau
oficina principal headquarters
oficina principal de operaciones operations headquarters
oficinista (m/f) white-collar worker
ofrecer offer (v)
ofrecer en venta offer for sale (v)
ofrecer la postura mayor outbid (v)
oligopolio (m) oligopoly
oligopsonio (m) oligopsony
opción (f) option
opción a futuro futures option
opción de acciones stock option
opción de índice index option
opción de retiro (bono) anticipadamente call option
opción de venta put option
opción del compradores buyers' option
operación de bolsa con opción de compra o venta (f) straddle
operaciones auxiliares (f) ancillary operations
operaciones con acciones antes de su emisión when issued
operaciones del mercado abierto open market operations (money policy)
orden abierta (f) open order
orden alternativa alternative order

orden con precio prefijado   limit order (stock market)
orden de compra   purchase order
orden de pérdida limitada   stop-loss order
orden de trabajo   work order
orden del día   order of the day
orden discrecionaria   discretionary order
orden general   blanket order
orden permanente   standing order
orden que caduca después de un día   day order (stock market)
ordenanza municipal sobre construcción (f)   zoning law
ordenar   order, place an (v)
organigrama (m)   organization chart
organigrama gerencial   management chart
organismo (m)   commission (agency)
organización (f)   layout, organization
organización del personal   staff organization
otros activos (m)   other assets

P

pacto (m)   bargain, pact, agreement
paga líquida (f)   take-home pay
pagadero a la orden   payable to order
pagadero a la vista   payable on demand
pagadero al portador   payable to bearer
pagado en su totalidad   paid in full
pagador (m)   paymaster
pagar   pay (v)
pagar el precio   meet the price
pagaré (m)   promissory note
pagaré a la vista   sight draft
pagaré a respaldo   backed note
pago (m)   payment
pago de efectivo contra entrega   cash on delivery
pago de impuesto a medida que el contribuyente recibe sus ingresos   pay as you go
pago de regalía   royalty (payment)

pago en efectivo antes de la entrega cash before delivery

pago en especie payment in kind

pago grande generalmente al final balloon payment

pago ilegal para incumplir algunas condiciones de un contrato kickback

pago inicial down payment

pago negado payment refused

pago parcial partial payment

pago por adelantado advance payment

pago rehusado refuse payment

pago total payment in full, full settlement

país de origen (m) country of origin

país de riesgo country of risk

país más favorecido most-favored nation

palanca de juegos (f) joystick

paleta (f) pallet

par par

para exportar for export

para la entrega futura for forwarding

parar (el trabajo) strike (v)

paridad (f) parity

paridad de interés interest parity

paridad móvil crawling peg, moving parity, sliding parity

paro forzoso (m) lockout

parquet (m) trading floor

parte de renta reservada para uso futuro (f) dead rent

partes (f) parts

participación accionaria (f) equity share

participación en el mercado market share

participaciones (f) shares

participaciones en los beneficios profit sharing

partida (f) item, lot

partida a precio gobal job lot

partida incompleta broken lot

pasar del diario al mayor post (v) (bookkeeping)

pasivo (m) liability

pasivo asumido assumed liability
pasivo contingente contingent liability
pasivo garantizado secured liability
pasivo no garantizado unsecured liability
pasivo verdadero actual liability
pasivos a largo plazo fixed liabilities
pasivos circulantes current liabilities
pasivos diferidos deferred liabilities
patente (f) patent
patente pendiente patent pending
patrimonio (m) estate
patrón (m) pattern, yardstick
patrón oro gold standard
pedido (m) order
pedido abierto open order
pedido hecho por correo mail order
pedido previo pendiente de entrega back order
pedido suplementario repeat order
pedido urgente rush order
pedidos pendientes (m) backlog
pedir order (v)
pedir la devolución de dinero call (v) in money
pedir prestado borrow (v)
penalidad por fraude (f) penalty-fraud action
penetración al mercado (f) market penetration
pensionista (m) pensioner
perceptor (m) payee
pérdida (f) loss
pérdida bruta gross loss
pérdida general promedio general average loss
pérdida neta net loss
pérdida por avería simple particular average loss
pérdida por conversión de moneda exchange loss
pérdida total efectiva actual total loss
perfil de aquisición (m) acquisition profile
periférico peripheral
período contable (m) account period
período de baja down period

período de cobro collection period
período de gracia grace period
período de interés interest period
período de pago payment period
período de paralización downtime
período de posesión holding period
período medio half-life (bonds)
permiso (m) permit
permiso de declaración entry permit
permiso de entrada entry permit
permiso de exportación export permit
permiso de exportación cultural cultural export permit
permiso impositivo excise license
permiso legal para constituir una compañía charter
permiso por enfermedad sick leave
permitir allow (v)
permutar barter (v)
persona jurídica (f) legal entity
personal (m) staff, human resources, personnel
personal de adiestramiento trainee
personal de ventas sales force
perspectiva (f) outlook
peso (m) weight
peso bruto gross weight
petrodólares (m) petrodollars
petroquímico petrochemical
pignoración (f) negative pledge
piquete de huelga (m) picket line
piramidación (f) pyramiding
pista de auditoría (f) audit trail
pizarrón electrónico (m) electronic whiteboard
plan (m) plan, layout
plan comercial business plan
plan de venta a plazos installment plan
plan del mercado market plan, marketing plan
planificación corporativa (f) corporate planning
planificación de largo plazo long-range plan

planificación de proyecto project planning
planificación financiera financial planning
planificación industrial industrial planning
planilla de direcciones (f) mailing list
planilla de pedido order form
plano (m) blueprint
plazo (m) deadline
plazo de reembolso payback period
plazo fijo fixed term
plazo intermedio medium (term)
pleito (m) dispute
pleito legal lawsuit
pluriempleo (m) moonlighting
plusvalía (f) unearned increment
poco probable unfeasible
poder (m) proxy, power of attorney
poder accionario stock power
poder adquisitivo purchasing power
poder para negociar bargaining power
política (f) policy (performance standard)
política comercial business policy
política de distribución distribution policy
política de inversión investment policy
política de la compañía company policy
política de puerta abierta open door policy
política monetaria monetary policy
póliza de flotilla (f) fleet policy
póliza de seguro de vida life insurance policy
póliza de seguros insurance policy
póliza que protege contra pérdidas floater
poner por escrito write down (v)
poner una carga excesiva overcharge (v)
por acción per share
por debajo de la línea below the line
por debajo de la par below par
por día per diem
por encima de la par above par
por habitante per capita

al por menor   retail
por toda la industria   industry-wide
porcentaje de cobertura (m)   cover ratio
porcentaje de la utilidad   percentage of profit
porcentaje de las ganancias   percentage earnings
pormenorizar   itemize (v)
portador (m)   bearer, holder of negotiable instruments
porte a . . . incluso   freight allowed to . . .
posición en descubierto (f)   short position
posición límite   position limit
posición neta   net position (of a trader)
posponer   postpone (v)
postdatar   postdate
postergar   postpone (v)
posterior a la fecha de presentación   after-sight
potencial en el mercado (m)   market potential
potencial para crecimiento   growth potential
práctica normal (f)   standard practice
prácticas laborales restrictivos (f)   restrictive labor practices
prácticas comerciales justas   fair trade
práctico   practical
precio (m)   price
precio actual   going rate (or price)
precio ajustado de costo, seguro y flete   adjusted CIF price
precio al detalle   retail price
precio al por mayor   wholesale price
precio al por menor   retail price
precio base   base price
precio bruto   gross price
precio competitivo   competitive price
precio de amortización de valores (los bonos antes de vencimiento)   call price
precio de apertura   opening price
precio de catálogo   list price
precio de cierre   closing price
precio de compra   purchase price

precio de compra y venta   bid and asked price
precio de emisión   issue price
precio de entrega   delivery price
precio de oferta   offered price
precio de paridad   parity price
precio de sostenamiento   price support
precio de subscripción   subscription price
precio de venta   asking price, offered price
precio del fiado   price tick
precio del mercado   market price
precio del oro   gold price
precio doble   double-pricing
precio estimado   estimated price
precio fijo   pegged price
precio límite   price limit
precio máximo   top price
precio nominal   nominal price
precio objetivo   target price
precio promedio   average price
precio real   real price
precio unitario   unit price
predicción de ventas (f)   sales forecast
predicción del mercado   market forecast
prefabricación (f)   prefabrication
preferencia por la liquidez (f)   liquidity preference
prenda (f)   pledge
prepagar   prepay (v)
preparar   make ready, prepare (v)
presidente (f)   president
presidente de la junta directiva   chairman of the board
presidente delegado   deputy chairman
presidente ejecutivo   chief executive
prestaciones adicionales al sueldo (f)   fringe benefits
préstamo (m)   loan
préstamo a plazo   term loan
préstamo a plazo fijo   fixture (on balance sheet)
préstamo bancario   bank loan
préstamo condicionado   tied loan

préstamo débil soft loan
préstamo diario day loan
préstamo en participación participation loan
préstamo fiduciario fiduciary loan
préstamo no garantizado unsecured loan
préstamo reembolsable a la vista call loan
préstamo repagable en moneda inestable soft loan
préstamo subsidiario back-to-back loan
préstamos a bajo interés (m) low-interest loans
presupuesto (m) budget
presupuesto de caja cash budget
presupuesto de gastos de capital capital budget
presupuesto de inversión investment budget
presupuesto de mercadeo marketing budget
presupuesto de publicidad advertising budget
presupuesto de ventas sales budget
presupuesto estimado budget forecast
presupuesto funcional de operaciones operating budget
presupuesto inversionista investment budget
presupuesto provisional interim budget
prima (f) bonus (premium)
prima de rescate redemption premium
prima de seguros insurance premium
prima del comprador buyer's premium
prima escalonada acceleration premium
primero que entra–el primero que sale (m) first in–first out
principal (m) principal
prioridad (f) priority, seniority
problema (m) problem
procesador de palabras (m) word processor
procesador de palabras solitario stand-alone text processor
procesamiento en función al orden de llegada (m) batch processing
procesar process (v)
proceso de ajuste (m) adjustment process
proceso de descontar discounting

proceso de producción production process
proceso de promediar averaging
proceso patentado patented process
proceso productivo production process
producción (f) production, output
producción en cadena assembly line
producción en lote batch production
producción fijada throughput
producción modular modular production
producción total outturn
productividad (f) productivity
productividad de la campaña campaign productivity
productividad marginal marginal productivity
producto (m) product, proceeds
producto final end product
producto nacional bruto gross national product
producto territorial bruto gross domestic product
productos agrícolas (m) agricultural products
productos agrícolas naturales native produce
productos alimenticios foodstuffs
productos de especialidad specialty goods
productos lácteos dairy products
productos perecederos soft goods
profesión (f) occupation, career, profession
programa (m) program
programa de computación software
programa de inversión investment program
programa de producción production schedule
programación de computadora (f) computer program
programación lineal linear programming
programación múltiple multiprogramming
programar program (v)
prohibición judicial (f) injunction
promedio (m) average, mean
promedio de costo en dólares dollar cost averaging
promedio móvil moving average
promoción (f) promotion
promoción de ventas sales promotion

promotor (de fondos en una sociedad) (m)   sponsor (of fund, of partnership)
pronosticar   forecast (v)
pronóstico (m)   forecast
pronóstico de ventas   sales forecast
pronto   prompt
propiedad (f)   ownership, property
propiedad conjunta   joint ownership
propiedad personal   personal property
propiedad pública   public property
propiedades culturales (f)   cultural property
propietario (m)   owner, proprietor
propietario único   sole proprietorship
propina (f)   gratuity
proporción (f)   ratio
propuesta (f)   tender
propuesta sellada   sealed bid
prospecto (m)   prospectus
prospecto preliminar   preliminary prospectus
prosperidad repentina (f)   boom
protección al que ha comprado algo (f)   long hedge
protección contra la exigibilidad a la vista   call protection
protección contra los impuestos   tax shelter
proteccionismo (m)   protectionism
protesto (m)   protest (banking, law)
provisión (f)   accrual
provisión para depreciación   depreciation allowance
provisional   interim, makeshift
proyección (f)   overhang
proyectar   project (v)
proyecto (m)   project
proyecto de presupuesto   budget forecast
prueba (f)   assay
prueba de aceptación   acceptance test
prueba de ácido   acid-test ratio
prueba de copia   copy testing
prueba de pérdida   proof of loss
prueba de personalidad   personality test

publicidad (f) advertising, publicity
publicidad cooperativa cooperative advertising
publicidad institucional institutional advertising
puerto de embarque designado (m) named port of shipment
puerto de importación designado named port of importation
puerto libre free port
puesto en buque ex ship
puesto en el muelle ex dock
punto (m) point (percentage) (mortgage term)
punto de base basis point (1/100%)
punto de destino designado named point of destination
punto de exportación designado named point of exportation
punto de orden point of order
punto de origen designado named point of origin
punto de venta point of sale
punto donde los ingresos son iguales a los egresos breakeven point
punto en común de ultramar overseas common point
punto interior designado del país de importación named inland point in country of importation
puntos de entrega (m) delivery points

Q

que ahora trabajo labor-saving
quiebra (f) bankruptcy
químico chemical
quorum (m) quorum

R

racionar rationing (v)
rata de retorno real después de impuestos (f) after-tax real rate of return
ratio de deuda con interés fijo a intereses más la deuda (m) gearing
razón de paridad de ingresos (f) parity income ratio
razón precio-ganancia por acciones p/e ratio
realización de beneficio (f) profit-taking

reanudar resume (v)
reasegurador (m) reinsurer
rebaja (f) allowance, rebate, drawback, abatement
rebajar take off (v)
recapitalización (f) recapitalization
recargo (m) surcharge
recargos por bultos pesados (m) heavy lift charges
recaudador de impuesto (m) tax collector
recesión (f) recession
recesión con inflación stagflation
receso ecónomico (m) downturn
recibo (m) receipt
recibo de muelle dock (ship's receipt)
recibo para pago preliminar binder
reclamación (f) claim
reclamo indirecto (m) indirect claim
reclutador de ejecutivo (m) headhunter
recoger y entregar pick up and deliver (v)
recompensa (f) reward
recompra (f) buy back
reconocer acknowledge (v)
reconocimiento de marca (m) brand recognition
recorte (m) cutback
recuperación (f) rally
recuperación (cuentas por cobrar) recovery (accounts receivable)
recuperación de gastos recovery of expenses
recurso (m) recourse, remedy (law)
recursos humanos (m) human resources
recursos naturales natural resources
recursos propios equity
recursos propios de los accionistas stockholder's equity
recursos propios de los propietarios owner's equity
red (f) network
red de distribución distribution network
reducción a precio anterior (f) roll back
reducción de costos cost reduction
reducción de gastos cutback

reducción de precio markdown
reducción de precios price cutting
reembolsar reimburse, repay (v)
reembolso (m) refund
reembolso a la vista call feature
reemplazar supersede (v)
reestructurar restructure (v)
reexportar re-export (v)
referencia de crédito (f) credit reference
referente a regarding, with regard to
refinanciamiento (m) refinancing
reflación (f) reflation
reforma agraria (f) land reform
reformar amend (v)
regalía por uso de patente (f) patent royalty
regulación (f) regulation, standardization
regulaciones de exportación (f) export regulations
regulaciones de importación import regulations
regulaciones fitosanitarias phytosanitary regulations
reinvertir plow back (earnings) (v)
relación (f) ratio
relación capital-producto capital-output ratio
relación de alimentación feed ratio
relación entre prima y pérdidas loss-loss ratio
relaciones con inversionistas (f) investor relations
relaciones entre empleados employee relations
relaciones industriales industrial relations
relaciones laborales labor relations
relaciones públicas public relations
relleno (m) stuffing
remisión de impuestos (f) remission duty
remitente (m) shipper
remuneración (f) remuneration
rendimiento (m) yield
rendimiento bruto gross yield
rendimiento corriente current yield
rendimiento de las ganancias earnings yield, income yield
rendimiento de las inversiones return on investment

rendimiento del dividendo   dividend yield
rendimiento efectivo   effective yield
rendimiento en el trabajo   job performance
rendimiento fijo (uniforme)   flat yield
rendimiento hasta el vencimiento   yield to maturity
rendimiento nominal   nominal yield
rendimiento sobre capital   return on capital
rendimiento sobre inversión   return on investment
rendimiento sobre recursos propios   return on equity
rendimiento sobre ventas   return on sales
renegociar   renegotiate (v)
renovación (f)   rollover
renovación urbana   urban renewal
renovar   renew (v)
rentabilidad (f)   profitability
rentabilidad del producto   product profitability
reordenar   reorder (v)
reorganización (f)   reorganization
repago   repay (v)
reposesión (f)   repossession
representante (m)   representative
representante del fabricante   manufacturer's representative
representante registrado   registered representative
repuestos (m)   replacement parts
requerimientos (m)   requirements
requisitos (m)   qualifications
rescatar   salvage, buy back (v)
reserva (f)   reserve
reserva para depreciación   depreciation allowance
reservar   earmark (v)
reservas de oro (f)   gold reserves
reservas mínimas   minimum reserves
reservas prestadas netas   net borrowed reserves
reservas primarias   primary reserves
resguardo (m)   safeguard
residuo (m)   remainder
resolución (f)   resolution (legal document)
respaldo y la satisfacción (m)   backing and filling

respaldo y soporte backing support
responder reply (v)
responsabilidad (f) accountability, responsibility
responsabilidad del comprador buyer's responsibility
responsabilidad limitada limited liability
responsabilidad mancomunada joint liability
responsabilidad personal personal liability
responsabilidad solidaria joint liability
restricciones sobre las exportaciones (f) restrictions on export
resultados esperados (m) expected results
resúmen del título (m) abstract of title
retardo (m) delay
retención de impuesto (f) withholding tax
retirar call back (v)
retiro (m) retirement
retiro proporcional de acciones reverse stock split
retorno razonable (m) fair return
retorno semanal weekly return
retorno sobre activos administrados return on assets managed
retorno sobre capital return on capital
retorno sobre el capital propio return on equity
retroactivo retroactive
retroalimentación (f) feedback
reunión (f) meeting
reunión de accionistas shareholders' meeting
reunión de la junta board meeting
reunión general general meeting
reunión plenaria plenary meeting
revalorización (f) appreciation
revaluación (f) revaluation
reventa (f) resale
riesgo (m) risk
riesgo agregado aggregate risk
riesgo de cambio exchange risk
riesgo de capital risk capital
riesgo del transportador carrier's risk
riesgo ocupacional occupational hazard

riesgo personal   personal liability
riesgo puro   pure risk
riqueza (f)   wealth
rollizo   strapping
rotación de personal (f)   labor turnover
rotación de ventas   sales turnover
rotación del activo   asset turnover
rotación del inventario   inventory turnover, stock turnover
rutina (f)   routine

S

sacar   take out (v)
sala de conferencias (f)   board room, conference room
sala de operaciones de bolsa   floor (of exchange)
salario (m)   wage
salario mínimo   minimum wage
salario mínimo garantizado por indexación   index-linked guaranteed minimum wage
salarios reales (m)   real wages
saldo (m)   balance (of an account)
saldo bancario   bank balance
saldo compensatorio   compensating balance
saldo crediticio   credit balance
saldo de caja   cash balance
saldo de la cuenta   account balance
saldo inicial   opening balance
saldo de operación   working balance
salida de información de la computadora (f)   computer output
salir sin ganar ni perder   break even (v)
satisfacción del consumidor (f)   consumer satisfaction
saturación (f)   glut
saturación del mercado   market saturation
secretaria (f), secretario (m)   secretary
secretario ejecutivo   executive secretary
sector público (m)   public sector
seguir   follow up (v)

según aviso   as per advice
según los libros   asset value
segunda hipoteca (f)   second mortgage
segunda posición (f)   second position
seguro que cubre los riesgos de un directivo (m)   key-man insurance
seguro industrial   industrial insurance
seguros (m)   insurance
seguros a plazo   term insurance
seguros colectivos   group insurance
seguros contra accidentes   casualty insurance
seguros de cargo marítimo   marine or maritime cargo insurance
seguros de créditos   credit insurance
seguros de responsabilidad civil   liability insurance
seguros de título   title insurance
selección (f)   screening
selección de directivos de otras empresas   headhunter
servicio al cliente (m)   customer service
servicio consultivo   advisory service
servicio de correo   courier service
servicio de mensajero   courier service
servicio de post-venta   after-sales-service
servicio personal   self-service
servicios financieros (m)   financial services
servicios públicos   public utility
servidumbre de paso (m)   right of way
servidumbre de vía   right of way
servir   service (v)
siempre y cuando   as if and when
simplificar   streamline (v)
simular   simulate (v)
sin cambios   gearless
sin derechos   ex rights
sin dividendo   ex dividend
sin testar   intestate
sin valor   worthless
sin valor nominal   no par value
sindicato industrial   industrial union

sindicato laboral   labor union

sistema de cuotas (m)   quota system

sistema de pago al contado con el transporte pagado por el comprador   cash-and-carry

sistema gerencial integrado   integrated management system

sitio de trabajo (m)   workplace

sitio donde no se paga impuesto o se paga muy poco   tax haven

soborno (m)   graft

sobrante (m)   overage

sobre la línea   above-the-line

sobre la par   above par

sobrecomprado   overbought

sobregirar   overdraw (v)

sobregiro (m)   overdraft

sobreoferta (f)   oversupply

sobrepagado   overpaid

sobresuscrito   oversubscribed

sobrevaluado   overvalued

sobrevendido (vendido en exceso)   oversold

socavar   undercut (v)

socialismo (m)   socialism

sociedad (f)   partnership

sociedad anónima   corporation

sociedad creada con un fin específico   turnkey company

sociedad en comandita por acciones   joint stock company

sociedad general (en nombre colectivo)   general partnership

sociedad inversionista controladora   holding company

sociedad limitada   limited partnership

socio (m)   partner

socio comanditario   silent partner

socio menor   junior partner

solicitud (f)   application form

solicitud de ofertas   request for bid

solicitud de patente   patent application

solución de problemas (f) problem solving
sondeo de opinión pública (m) public opinion poll
subarrendar sublet (v)
subasta pública (f) public auction
subcontratar farm out (v)
subcontratista (m) subcontractor
subcontrato (m) subcontract
subdesarrollado underdeveloped
subestimar underestimate (v)
subpagado underpaid
subproducto (m) by-product
subsidiario (m) subsidiary
sucursal (f) branch office
sucursal situada fuera del país donde reside la casa matriz offshore company
sueldo (m) salary
sueldo insuficiente underpaid
sujeto a liable to
sujeto a disponibilidad subject to availability
sujeto a impuesto liability for tax
suma (f) amount
suma de los dígitos anuales sum-of-the years digits
suma global lump sum
suma pasada al frente carryover
suministrador (m) supplier
superávit de bienes (m) surplus goods
superávit de capital surplus capital
superávit pagado paid-in surplus
suprimir omit (v)
suscrito undersigned
suscritor de seguro marítimo (m) marine underwriter
suspender el pago suspend payment

T

taller (m) workshop
taller franco open shop
talón bancario counter check
tamaño de muestra (m) sample size
tanquero (m) tanker

tarifa flexible flexible tariff
tarifa preferencial preferred tariff
tarifas diferenciales (f) differential tariffs
tarjeta comercial (f) business card
tarjeta de crédito credit card
tarjeta para perforar punch card
tasa (f) rate
tasa ajustada adjusted rate
tasa central central rate
tasa de aumento accession rate
tasa de crecimiento rate of growth
tasa de incremento rate of increase
tasa de redescuento rediscount rate
tasa de rendimiento rate of return
tasa flotante floating rate
tasa interna de retorno internal rate of return
tasa preferencial prime rate
tasa uniforme flat rate
tasa variable variable rate
tasación (f) assessment
tasador (m) appraiser
tasar en menos del valor real undervalue (v)
techo (m) ceiling
teclar (la computadora) keypunch (v)
técnicas de Monte Carlo (f) Monte Carlo techniques
telecomunicaciones (f) telecommunications
telemercadeo (m) telemarketing
teleprocesamiento (m) teleprocessing
tendencia (f) trend
tendencia alcista upturn
tendencias del mercado (f) market trends
tenedor (m) bearer
tenedor de póliza policy holder
tenedor legítimo holder in due course
tener autoridad to have authority (v)
tercer exportador (m) third party exporter
tercera ventana (f) third window
terminal de computadora computer terminal

terminar terminate (v)
término (m) deadline
términos de intercambio (m) terms of trade
términos de la venta terms of sale
términos lineales linear terms
terrateniente (m) landowner
territorio (m) territory
territorio de ventas sales territory
tesorero (m) treasurer
testamento (m) will
testigo (m) witness
tiempo concurrido (m) attended time
tiempo cortado a la mitad double time
tiempo de anticipación lead time
tiempo estimado (la hora estimada) de llegada estimated time of arrival
tiempo estimado (la hora estimada) de salida estimated time of departure
tiempo extra overtime
tiempo libre free time
tiempo muerto down time
tiempo preferencial prime time
tiempo real real time
tiempo y movimiento time and motion
tienda (f) store
tienda de moneda money exchange
tienda por departamentos department store
tierra (f) land
tipo base (m) base rate
tipo de cambio exchange rate
tipo de cambio fijo fixed rate of exchange
tipo de cambio fijo ajustable adjustable peg
tipo de cambio flotante floating exchange rate
tipo de cambio múltiple multiple exchange rate
tipo de descuento discount rate
tipo de interés rate of interest
tipo de interés bancario bank rate
tipo de interés para préstamos diarios call rate
tipo de oferta offered rate
tipo ofrecido offered rate

título (m) title
título al portador bearer bond
título de hipoteca mortgage certificate
título poder bond power
título valor registrado registered security
títulos valores (m) securities
todo o nada all or none
tomar nota take down (v)
tonelada de 2240 libras (f) long ton
tonelaje (m) tonnage
total de una columna (m) footing (accounting)
trabajador (m) laborer, wage earner
trabajador por su cuenta self-employed man
trabajador que cambia de un puesto a otro job hopper
trabajar work (v)
trabajo (m) job, labor
trabajo a destajo piecework
trabajo en progreso work in progress
trabajo no calificado unskilled labor
trabajo por contrato work by contract
trabajo-intensivo labor-intensive
trabajos públicos (m) public works
traductor (m) translator
trámites burocráticos (m) red tape
tramo (m) tranche
tramo de ingresos income bracket
transacción de conjunto package deal
transferencia cablegráfica cable transfer, wire transfer
transferencia de activo a otra compañia sin cambio de accionistas spin off
transferido transferred
transferir al pasado carry back (v)
transmisible negotiable
transportador (m) carrier
transporte (m) transportation
transporte de mercancías movement of goods
transporte por ferrocarriles railway transportation
transportista asegurado (m) bonded carrier

transportista de futuros contract carrier
tributación (f) taxation
tributación doble double taxation
turno de trabajo (m) shift (labor)

U

ubicación (f) personnel placement
ubicación de la planta plant location
últimas entradas – primeras salidas last in – first out
unidad procesadora central (f) central processing unit (computers)
uniformación (f) standardization
unión aduanera (f) customs union
unión crediticia credit union
usura (f) usury
utilidad (f) utility, profit
utilidad bruta gross profit
utilidad neta net profit
utilidad operacional operating profit
utilidad por acción earnings per share
utilidades (f) earnings
utilidades acumuladas retail trade

V

vacaciones pagadas (f) paid holidays
vagón batea (m) flat car
vagonada (f) carload
validar validate (v)
valor (m) value
valor al portador bearer security
valor de acarreo carrying value
valor de cambio exchange value
valor de la más alta categoría blue chip stock
valor de la empresa en marcha going concern value
valor de liquidación liquidation value
valor de renta fija fixed income security
valor de rescate salvage value
valor de rescate (póliza de seguros) cash surrender value

valor del activo   asset value
valor del activo neto   net asset value
valor del mercado   market value
valor imponible   assessed valuation
valor intrínsico   intrinsic value
valor líquido   equity
valor nominal   face value
valor par   par value
valor para el derecho de aduanas   value for duty
valor presente neto   net present value
valor real   real value
valor secundario   junior security
valor según libros   book value
valor según libros por acción   book value per share
valor verdadero en efectivo   actual cash value
valoración (f)   job analysis
valoración marginal   marginal pricing
valorar   price (v)
valores aprobados (m)   approved securities
valores bursátiles (escritos en la bolsa)   listed securities
valores comerciables   marketable securities
valores descontados   discount securities
valores extranjeros   foreign securities
valores negociables   negotiable securities
valuador (m)   appraiser
variación de precio (f)   price range
velocidad de la moneda (f)   velocity of money
vencido   past due, overdue
vencimiento (m)   maturity
vencimiento original   original maturity
vendedor (m)   vendor
vender   sell (v)
vender nuevamente a quienes compramos   back selling (v)
vender por debajo del precio de un competidor   undercut (v)
venta atosigante (f)   hard sell
venta débil   soft sell

venta directa direct selling
venta e inmediato arrendamiento de lo vendido sell and leaseback
venta negociada negotiated sale
venta otorgada sin competencia negotiated sale
venta piramidal pyramid selling
venta por correo sale through mail order
venta pública public sale
venta secundaria secondary offering (securities)
venta y compra (opción) put and call
ventaja competitiva (f) competitive advantage, competitive edge
ventas (f) sales
ventas adicionales add-on-sales
ventas al desubierto short sales
ventas brutas gross sales
ventas estimadas sales estimate
ventas netas net sales
ventas potenciales potential sales
verificación testamentaria (f) probate
verificar check (v)
vestido (m) apparel, clothing
viático per diem
vida del producto (f) product life
vida de una patente life of a patent
vida económica economic life
vida promedio average life
vida útil useful life
volumen (m) volume
volumen de ventas sales volume
volumen verdadero del mercado actual market volume
voz activada voice-activated

Z

zona (f) zone
zona de cambio libre free trade zone

KEY WORDS FOR KEY INDUSTRIES

The dictionary that forms the centerpiece of *Talking Business in Spanish* is a compendium of some 3000 words that you are likely to use or encounter as you do business abroad. It will greatly facilitate fact-finding about the business possibilities that interest you, and will help guide you through negotiations as well as reading documents. To supplement the dictionary, we have added a special feature—groupings of key terms about ten industries. As you explore any of these industries, you'll want to have *Talking Business* at your fingertips to help make sure you don't misunderstand or overlook an aspect that could have a material effect on the outcome of your business decision. The industries covered in the vocabulary lists are the following:

- *chemicals*
- *chinaware and tableware*
- *electronic equipment*
- *fashion*
- *iron and steel*
- *leather goods*
- *motor vehicles*
- *pharmaceuticals*
- *printing and publishing*
- *winemaking*

Chemicals — English to Spanish

acetate el acetato
acetic acid el ácido acético
acetone la acetona
acid el ácido
amine la amina
ammonia el amoníaco
analysis el análisis
analytic chemistry la química analítica
atom el átomo
atomic (adj) atómico
base la base
benzene el benceno
biochemistry la bioquímica
biologist el biólogo
biology la biología
buret la bureta
carbon el carbón
catalyst el catalizador
chemical (adj) química
chemistry la química
chloride el cloruro
chloroform el cloroformo
component el componente
composition la composición
compound el compuesto
concentration la concentración
cracking el craqueo
crystallization la cristalización
degree el grado
density la densidad
distillation la destilación
dosage la dosis
electrolysis la electrolisis
electron el electrón
element el elemento
engineer el ingeniero
enzyme la enzima
ethane el étano
ether el éter
gram el gramo
homogeneity la homogeneidad
hydrocarbon el hidrocarbono

hydrochloric acid el ácido hidroclorídrico
hydrolysis la hidrolisis
hydrosulfate el hidrosulfato
impurity la impureza
inorganic chemistry la química inorgánica
isotope el isótopo
laboratory el laboratorio
methane el metano
mole el mol
molecule la molécula
natural gas el gas natural
nitrate el nitrato
nitric acid el ácido nítrico
nitrite el nitrito
organic chemistry la química orgánica
oxidation la oxidación
petroleum el petróleo
phosphate el fosfato
polymer el polímero
product el producto
purification la purificación
reactant el reactante
reagent el reactivo
reduction la reducción
refine (v) refinar
refinery la refinería
research la investigación
salt la sal
solubility la solubilidad
solute el soluto
solution la solución
solvent el solvente
spectrophotometry la espectrometria
spectrum el espectro
sulfate el sulfato
sulfuric acid el ácido sulfúrico
test tube el tubo de ensayo
titration la titulación
yield la producción, el rendimiento

Chemicals — Spanish to English

ácido (m) acid
ácido acético acetic acid
ácido hidroclorídrico hydrochloric acid
ácido nítrico nitric acid
ácido sulfúrico sulfuric acid
átomo (m) atom
acetato (m) acetate
acetona (f) acetone
amina (f) amine
amoníaco (m) ammonia
análisis (m) analysis
atómico atomic (adj)
base (f) base
benceno (m) benzene
biólogo (m) biologist
biología (f) biology
bioquímica (f) biochemistry
bureta (f) buret
carbón (m) carbon
catalizador (m) catalyst
cloroformo (m) chloroform
cloruro (m) chloride
componente (m) component
composición (f) composition
compuesto (m) compound
concentración (f) concentration
craqueo (m) cracking
cristalización (f) crystallization
densidad (f) density
destilación (f) distillation
dosis (f) dosage
étano (m) ethane
éter (m) ether
electrón (m) electron
electrolisis (f) electrolysis
elemento (m) element
enzina (f) enzyme
espectro (m) spectrum
espectrometría (f) spectrophotometry
fosfato (m) phosphate
gas (m) natural natural gas
grado (m) degree
gramo (m) gram
hidrocarbono (m) hydrocarbon
hidrolisis (f) hydrolysis
hidrosulfato (m) hydrosulfate
homogeneidad (f) homogeneity
impureza (f) impurity
ingeniero (m) engineer
investigación (f) research
isótopo (m) isotope
laboratorio (m) laboratory
metano (m) methane
mol (m) mole
molécula (f) molecule
nitrato (m) nitrate
nitrito (m) nitrite
oxidación (f) oxidation
petróleo (m) petroleum
polímero (m) polymer
producción (f) yield
producto (m) product
purificación (f) purification
química chemical (adj)
química (f) chemistry
química analítica analytic chemistry
química inorgánica inorganic chemistry
química orgánica organic chemistry
reactivo (m) reagent
reducción (f) reduction
refinar refine (v)
refinería (f) refinery
rendimiento (m) yield
sal (f) salt
solubilidad (f) solubility
solución (f) solution
soluto (m) solute
solvente (m) solvent
sulfato (m) sulfate
titulación (f) titration
tubo (m) de ensayo test tube

Chinaware and Tableware— English to Spanish

bone china la porcelana traslúcida
bowl el plato hondo, el cuenco, la escudilla
breadbasket la panera
butter dish la mantequillera
candlestick la vela
carving knife el trinchador, el cuchillo de trinchar
champagne glass el vaso de champaña, la copa de champaña
cheese tray la bandeja para queso
china la porcelana, la loza
Chinaware la faíence
coffeepot la cafetera
crystal glass manufacturing la manufactura de vasos de cristal, la fabricación de vasos de cristal
cup la taza
cutlery los cubiertos, la cuchillería
decanter el decantador
dessert plate el plato de postre
dinner plate el plato
dish el plato
earthenware la alfarería, los objetos de barro
espresso cup la taza de café expreso, el pocillo
flute la acanaladura, la estría
fork el tenedor
glass el vaso, la copa
gravy boat la salsera
hand-blown glass el vidrio soplado, el cristal soplado
hand-painted pintado a mano
knife el cuchillo
lace el encaje
linen la mantelería
napkin la servilleta
napkin ring el servilletero, el aro de servilleta
oilcloth el hule
pastry server la paleta de servir tortas (bizcocho)
pepper mill el molinillo de pimienta
pepper shaker el pimentero
pitcher la jarra
place setting el cubierto, el servicio de mesa individual
plate el plato
pottery la alfarería, la cerámica
salad plate el plato de ensalada
salt shaker el salero
saucer el platillo, la salsera
silverware los cubiertos
soup dish el plato de sopa
spoon la cuchara
stainless steel el acero inoxidable
stoneware el gres
sugar bowl la azucarera
tablecloth el mantel
tablespoon la cuchara
teapot la tetera
teaspoon la cucharita
thread el hilo, la hebra
tureen la sopera, la salsera
unbleached linen el hilo crudo

Major Chinaware and Tableware Regions

Valencia

Chinaware and Tableware — Spanish to English

acanaladura (f) flute
acero (m) inoxidable stainless steel
alfarería (f) earthenware, pottery
cerámica (f) pottery
aro (m) de servilleta napkin ring
azucarera (f) sugar bowl
bandeja (f) para queso cheese tray
cafetera (f) coffeepot
copa (f) glass
copa de champaña champagne glass
cristal (m) soplado hand-blown glass
cubierto (m) place setting
cubiertos (mpl) cutlery, silverware
cuchara (f) tablespoon
cucharita (f) teaspoon
cuchillería (f) cutlery
cuchillo (m) knife
cuchillo de trinchar carving knife
cuenco (m) bowl
decantador (m) decanter
encaje (m) lace
escudilla (f) bowl
estría (f) flute
fabricación (f) de vasos de cristal crystal glass manufacturing
faïence (f) Chinaware
gres (m) stoneware
hebra (f) thread
hilo (m) thread
hilo crudo unbleached linen
hule (m) oilcloth
jarra (f) pitcher
loza (f) china
mantel (m) tablecloth
mantelería (f) linen
mantequillera (f) butter dish
manufactura (f) de vasos de cristal crystal glass manufacturing
molinillo (m) de pimienta pepper mill
objetos (mpl) de barro earthenware
paleta (f) de servir tortas (bizcocho) pastry server
panera (f) breadbasket
pimentero (m) pepper shaker
pintado a mano hand-painted
platillo (m) saucer
plato (m) dish, plate
plato de ensalada salad plate
plato de postre dessert plate
plato de sopa soup dish
plato hondo bowl
pocillo (m) espresso cup
porcelana (f) china
porcelana traslúcida bone china
salero (m) salt shaker
salsera (f) gravy boat, saucer, tureen
servicio de mesa individual place setting
servilleta (f) napkin
servilletero (m) napkin ring
sopera (f) tureen
taza (f) cup
taza de café expreso (f) espresso cup
tenedor (m) fork
tetera (f) teapot
trinchador (m) carving knife
vaso (m) glass
vaso de champaña champagne glass
vela (f) candlestick
vidrio (m) soplado (m) hand-blown glass

Electronics — English to Spanish

alternating current la corriente alterna
ampere el amperaje
amplifier el amplificador
amplitude modulation (AM) la amplitud modulada, la modulación de amplitud
beam el rayo
binary code el código binario
broadcast (v) transmitir (TV), emitir (radio)
cable television la televisión por cable
cassette la cinta magnetofónica
cathode el cátodo
channel el canal
circuit el circuito
coaxial cable el cable coaxial
computer la computadora, el ordenador
condensor el condensador
conductor el conductor
current la corriente
detector el detector
digital (adj) digital
diode el diodo
direct current la corriente directa
electricity la electricidad
electrode el electrodo
electron el electrón
electronic (adj) electrónico
electrostatic la electroestática
filter el filtro
frequency modulation (FM) la frecuencia modula, la modulación de frecuencia
generator el generador
high fidelity la alta fidelidad
insulator el aislador
integrated circuit el circuito integrado
microphone el micrófono
microprocessor el microprocesador
microwave el microonda
mixer el mezclador
optic (adj) óptico
oscillator el oscilador
parallel circuit el circuito paralelo
power la potencia, la energía
printed circuit el circuito impreso
receiver el receptor, el radio
record el disco
record (v) grabar
record player el tocadisco
resonance la resonancia
scanning la exploración
screen la pantalla
short wave la onda corta
silicon el silicio
sound el sonido
speaker el altavoz, el altoparlante
stereophonic (adj) estereofónico
switch el interruptor
tape recorder la grabadora, el magnetófonica
transformer el transformador
transmitter (v) transmitir
turbine la turbina
vacuum el vacío
vector el vector
videocassette player el tocador de videocassette
volt el voltio
voltage el voltaje
watt el vatio
wave la onda
wire el cable

Electronics — Spanish to English

aislador (m) insulator
alta fidelidad (f) high fidelity
altavoz (m) speaker
altoparlante (m) speaker
amperaje (m) ampere
amplificador (m) amplifier
amplitud modulada (f) amplitude modulation (AM)
cátodo (m) cathode
cable (m) wire
cable coaxial coaxial cable
canal (m) channel
cinta (f) magnetofónica cassette
circuito (m) circuit
circuito (m) impreso printed circuit
circuito (m) integrado integrated circuit
circuito (m) paralelo parallel circuit
código (m) binario binary code
computadora (f) computer
condensador (m) condensor
conductor (m) conductor
corriente (f) current
corriente (f) alterna alternating current
corriente (f) directa direct current
detector (m) detector
digital digital (adj)
diodo (m) diode
disco (m) record
electricidad (f) electricity
electrón (m) electron
electrónico electronic (adj)
electrodo (m) electrode
electroestática (f) electrostatic
emitir broadcast (v)(radio)
energía (f) power
estereofónico stereophonic (adj)
exploración (f) scanning
filtro (m) filter
frecuencia (f) modula frequency modulation (FM)
generador (m) generator
grabadora (f) tape recorder
grabar record (v)
interruptor (m) switch
magnetofonica (f) tape recorder
mezclador (m) mixer
micrófono (m) microphone
microonda (m) microwave
microprocesador (m) microprocessor
modulación (f) de amplitud amplitude modulation (AM)
modulación de frecuencia (f) frequency modulation (FM)
óptico optic (adj)
onda (f) wave
ordenador (m) computer
onda corta short wave
ordenator (m) computer
oscilador (m) oscillator
pantalla (f) screen
potencia (f) power
radio (m) receiver
rayo (m) beam
receptor (m) receiver
silicio (m) silicon
sonido (m) sound
televisión (f) por cable cable television
tocadisco (m) record player
tocador (m) de videocassette videocassette player
transformador (m) transformer
transmitir transmitter (v)
transmitir (TV) broadcast (v)
turbina (f) turbine
vacío (m) vacuum
vatio (m) watt
vector (m) vector
voltaje (m) voltage
voltio (m) volt

Fashion — English to Spanish

belt el cinturón, el cinto
blazer la chaqueta deportiva
blouse la blusa
bow tie la corbata de lazo
button el botón
buttonhole el hojal
camel's hair el pelo de camello
cashmere la cachemira
coat el abrigo, el saco
collar el cuello
cuff link los gemelos, los yugos
cut (v) cortar
design (v) diseñar
designer el diseñador
drape (v) cubrir con colgaduras
dress el vestido
fabric la tela
fashion la moda
fashionable de moda
footage la longitud
French cuff el puño francés
handkerchief el pañuelo
hem el dobladillo
high fashion designer el diseñador de alta costura
hood la capucha
length el largo
lingerie la ropa interior
lining el forro
long sleeves las mangas largas
model el modelo (ropa-cloth), el/la modelo (persona-person)
needle la aguja
out of style fuera de moda, pasado de moda
pattern el patrón
pleat el pliegue, el plisado
pleated (adj) plegado, plisado
poplin el poplín
print el estampado
raincoat el impermeable, la capa de agua
rayon el rayón
ready-to-wear la ropa hecha
scarf la bufanda
sew (v) coser
sewing machine la máquina de coser
shirt la camisa
shoe el zapato
short sleeves las mangas cortas
shoulder pad la hombrera
silk la seda
silk goods los artículos de seda
silkworm el gusano de seda
silk factory la fábrica de seda
silk manufacturers los fabricantes de seda
size la talla
skirt la falda, la saya
slacks los pantalones
socks los calcetines
stitch la puntada
stockings las medias de mujer
style el estilo
stylist el estilista
suede la gamuza
suit el traje
taffeta el tafetán
tailor el sastre
thread el hilo
tie la corbata
tuxedo el "smoking", el esmoquin
veil el velo
vest el chaleco
weaver el tejedor
window dresser el escaparatista, el decorador de escaparates
wool la lana
yarn el hilo, el hilado
zipper la cremallera

Fashion — Spanish to English

abrigo (m) coat
aguja (f) needle
artículos (mpl) de seda silk goods
blusa (f) blouse
botón (m) button
bufanda (f) scarf
cachemira (f) cashmere
calcetines (mpl) socks
camisa (f) shirt
capa (f) de agua raincoat
capucha (f) hood
chaleco (m) vest
chaqueta (f) deportiva blazer
cinto (m) belt
cinturón (m) belt
corbata (f) tie
corbata de lazo bow tie
cortar cut (v)
coser sew (v)
cremallera (f) zipper
cubrir con colgaduras drape (v)
cuello (m) collar
de moda fashionable
decorador de escaparates (m) window dresser
diseñador (m) designer
diseñador de alta costura high fashion designer
diseñar design (v)
dobladillo (m) hem
escaparatista (m) window dresser
esmoquin (m) tuxedo
estampado (m) print
estilista (m) stylist
estilo (m) style
fábrica (m) de seda silk factory
fabricantes (mpl) de seda silk manufacturers
falda (f) skirt
forro (m) lining
fuera de moda out of style
gamuza (f) suede
gemelos (mpl) cuff link
gusano de seda (m) silkworm
hilado (m) yarn
hilo (m) thread
hojal (m) buttonhole
hombrera (f) shoulder pad
impermeable (m) raincoat
lana (f) wool
largo (m) length
longitud (f) footage
mangas (fpl) cortas short sleeves
mangas (fpl) largas long sleeves
máquina (f) de coser sewing machine
medias (fpl) de mujer stockings
moda (f) fashion
pañuelo (m) handkerchief
pantalones (mpl) slacks
pasado de moda out of style
patrón (m) pattern
pelo (m) de camello camel's hair
plegado pleated (adj)
plisado (m) pleat
poplín (m) poplin
puño (m) francés French cuff
puntada (f) stitch
rayón (m) rayon
ropa (f) hecha ready-to-wear
ropa interior lingerie
saco (m) coat
sastre (m) tailor
saya (f) skirt
seda (f) silk
"smoking" (m) tuxedo
tafetán (m) taffeta
talla (f) size
tejedor (m) weaver
tela (f) fabric
traje (m) suit
velo (m) veil
vestido (m) dress
yugos (mpl) cuff link
zapato (m) shoe

Iron and Steel — English to Spanish

alloy steel la aleación de acero
annealing el recocido
bars las barras
billets los lingotes
blast furnace el alto horno
carbon steel el acero al carbono
cast iron el hierro fundido
charge chrome la carga de cromo
chromium el cromo
coal el carbón
coil el serpentín
cold rolling el laminado en frío
continuous caster el laminador continuo
conveyor el transportador
conveyor belt la correa transportadora
copper el cobre
crucible el crisol
cupola el horno de ladrillo,
electric arc furnace el horno de arco voltaíco
electrolytic process el proceso electrolítico
ferroalloys las ferroaleaciones
finished products los productos terminados
finishing mill la fábrica de terminación
flats products las planchuelas rectangulares de hierro o acero
foundry la fundición
furnace el horno
galvanizing el galvanizado
grinding el molido, el esmerilaje
hardness la dureza
heat el calor
hot rolling el laminado en caliente
induction furnace el horno de inducción
ingot mold la lingotera
ingots los lingotes
iron ore el mineral de hierro
limestone la piedra caliza
long product las planchas rectangulares usadas para la manufactura
manganese ore el mineral de manganeso
ore el mineral
pickling la limpieza con baño químico
pig iron el lingote de hierro
pipes and tubes los tubos y las cañerías
plate la plancha, la lámina
powder la polvora
pressure la presión
quench (v) templar
rebars los refuerzos de acero
rod la varilla
rolling mill el taller de laminación
scale la báscula
scrap el deshecho
semis los productos semiterminados de acero o hierro
sheets las hojas
slabs las placas, las lozas
specialty steels los aceros especializados
stainless steel el acero inoxidable
steel mill el taller siderúrgico
structural shapes el hierro perfilado
super alloys las superaleaciones
toughness la tenacidad
vacuum melting furnace el horno de fusión al vacío
wire el alambre

Iron and Steel — Spanish to English

acero (m) al carbono carbon steel
acero inoxidable stainless steel
aceros (mpl) especializados specialty steels
alambre (m) wire
aleación (f) de acero alloy steel
alto horno (m) blast furnace
báscula (f) scale
barras (fpl) bars
calor (m) heat
carbón (m) coal
carga (f) de cromo charge chrome
cobre (m) copper
correa (f) transportadora conveyor belt
crisol (m) crucible
cromo (m) chromium
deshecho (m) scrap
dureza (f) hardness
ecocido (m) annealing
esmerilaje (m) grinding
fábrica (f) de terminación finishing mill
ferroaleaciones (fpl) ferroalloys
fundición (f) foundry
galvanizado (m) galvanizing
hierro (m) fundido cast iron
hierro perfilado structural shapes
hojas (fpl) sheets
horno (m) furnace
horno de arco voltaíco electric arc furnace
horno de fusión al vacío vacuum melting furnace
horno de inducción induction furnace
horno de ladrillo (m) cupola
lámina (f) plate
laminado (m) en caliente hot rolling
laminado en frío cold rolling
laminador (m) continuo continuous caster
limpieza (f) con baño químico pickling
lingote de hierro (m) pig iron
lingotera (f) ingot mold
lingotes (mpl) billets
lingotes ingots
lozas (fpl) slabs
mineral (m) ore
mineral de hierro iron ore
mineral de manganeso manganese ore
piedra (f) caliza limestone
placas (fpl) slabs
plancha (f) plate
planchas (fpl) rectangulares usadas para la manufactura long product
planchuelas (fpl) rectangulares de hierro o acero flats products
polvera (f) powder
presión (f) pressure
proceso electrolítico electrolytic process
productos (mpl) semiterminados de acero o hierro semis
productos terminados finished products
refuerzos (mpl) de acero rebars
serpentín (m) coil
superaleaciones (fpl) super alloys
taller (m) de laminación rolling mill
taller siderúrgico steel mill
templar quench (v)
tenacidad (f) toughness
transportador (m) conveyor
tubos (mpl) y cañerías (fpl) pipes and tubes
varilla (f) rod

Leather Goods — English to Spanish

attaché case el maletín, la cartera de papeles
beaver el castor
belt el cinturón, el cinto
billfold el billetero, la cartera
blotter el secante
boot shop la tienda de botas
bootmaker el fabricante de botas
boots las botas
briefcase la cartera, el portafolio
calfskin la piel de becerro
card case el tarjetero
cigarette case la pitillera
cowhide el cuero, la piel de vaca
dye (v) teñir
eyeglass case el estuche de espejuelos
fox la zorra
garment bag la bolsa para ropa, la maleta para ropa
gloves los guantes
handbag el bolso de mano, la cartera de mano
holster la pistolera, la funda de pistola
key case la funda de las llaves
kidskin la cabritilla
lamb el cordero
leather la piel, el cuero
leather goods los artículos de piel, los artículos de cuero
leather jacket la chaqueta de piel, la chaqueta de cuero
lizard skin la piel de lagarto
makeup case el estuche de maquillaje, la maleta de maquillaje

manicuring kit el estuche de manicura, el estuche de arreglarse las uñas
mink el visón
Moroccan leather la piel marroquí
nutria la nutria
ostrich skin la piel de avestruz
otter la nutria
paper holder la carpeta
passport case la cartera del pasaporte
pigskin la piel de cerdo, la piel de cochino
portfolio la cartera
purse el monedero, el bolso
rabbit el conejo
raccoon el mapache
sable la marta
saddle la silla de montar
scissor case el estuche de tijeras
sealskin la piel de foca
sewing kit el estuche de costura
slippers las zapatillas
snakeskin la piel de culebra, la piel de serpiente
suede la cabritilla, el ante
suede jacket la chaqueta de cabritilla, la chaqueta de ante
suitcase la maleta
tan (v) curtir, broncear
tanner el curtidor
tannery la curtiduría, la tenería
toilet kit el estuche de artículos de tocador
tote bag la mochila
trunk el baúl
watch strap la correa de reloj
whip el látigo, la fusta

Major Leather Goods Areas
Alicante
Baleares
Catalonia

Leather Goods — Spanish to English

ante (m) suede
artículos (mpl) de piel leather goods
artículos de uero leather goods
baúl (m) trunk
billetero (m) billfold
bolsa (f) para ropa garment bag
bolso (m) purse
bolso de mano handbag
botas (fpl) boots
broncear tan (v)
cabritilla (f) kidskin, suede
carpeta (f) paper holder
cartera (f) billfold, briefcase, portfolio
cartera de mano handbag
cartera de papeles attaché case
cartera del pasaporte passport case
castor (m) beaver
chaqueta (f) de ante suede jacket
chaqueta de cabritilla suede jacket
chaqueta de cuero leather jacket
chaqueta de piel leather jacket
cinto (m) belt
cinturón (m) belt
conejo (m) rabbit
cordero (m) lamb
correa (f) de reloj watch strap
cuero (m) cowhide, leather
curtidor (m) tanner
curtiduría (f) tannery
curtir tan (v)
estuche (m) de artículos de tocador toilet kit
estuche de costura sewing kit
estuche de espejuelos eyeglass case
estuche de maquillaje makeup case
estuche de tijeras scissor case
estuche de arreglarse las uñas manicuring kit
estuche de manicura manicuring kit
fabricante de botas (f) bootmaker
funda (f) de las llaves key case
funda de pistola holster
fusta (f) whip
guantes (mpl) gloves
látigo (m) whip
maleta (f) suitcase
maleta de maquillaje makeup case
maleta para ropa garment bag
maletín (m) attaché case
mapache (m) raccoon
marta (f) sable
mochila (f) tote bag
monedero (m) purse
nutria (f) nutria, otter
piel (f) leather
piel (f) de avestruz ostrich skin
piel de becerro calfskin
piel de cerdo pigskin
piel de cochino pigskin
piel de culebra snakeskin
piel de foca sealskin
piel de lagarto lizard skin
piel de serpiente snakeskin
piel de vaca cowhide
piel marroqui Moroccan leather
pistolera (f) holster
pitillera (f) cigarette case
portafolio (m) briefcase
secante (m) blotter
silla (m) de montar saddle
tarjetero (m) card case
teñir dyc (v)
tenería (f) tannery
tienda (f) de botas boot shop
visón (m) mink
zapatillas (fpl) slippers
zorra (f) fox

Motor Vehicles — English to Spanish

air filter el filtro de aire
assembly line la línea de ensamlaje
automatic gearshift el cambio automático de velocidades
automotive worker el obrero automotriz
belt la correa
body la carrocería
brake los frenos
brake pedal el pedal de freno
bumper el parachoque, la defensa
camshaft el eje de leva
car el carro
chassis el bastidor
clutch el embrague
clutch pedal el pedal de embrague
connecting rod la biela
crankshaft el cigueñal
defroster el descongelador
designer el diseñador
distributor el distribuidor
driver el conductor, el chofer
engine el motor
engineer el ingeniero
exhaust el escape
fender el guardabarros, el guardafangos
four-cylinder engine el motor de cuatro cilindros
front-wheel drive la tracción delantera
gas consumption el consumo de gasolina
gas pedal el pedal de gasolina, el acelerador
gasoline tank el tanque de gasolina
gearshift el cambio de velocidades
generator el generador
grille la rejilla del radiador
horsepower los caballos de fuerza
ignition la ignición, el encendido
mechanical engineer el ingeniero mecánico
mileage el millaje
odometer el odómetro
oil filter el filtro de aceite
oil pump la bomba de aceite
paint la pintura
pinion el piñón
power steering la dirección neumática, la dirección assitide
propulsion la propulsión
prototype el prototipo
radial tire el neumático o la goma radial
rear axle el eje trasero
ring el aro
robot el robot, el autómata
seat el asiento
sedan el sedán
shock absorber el amortiguador
six-cylinder engine el motor de seis cilindros
spare tire la rueda de repuesta
spark plug la bujía
speedometer el velocímetro
spring el muelle
starter el arranque
steering la conducción, el manejo
steering wheel el volante
suspension la suspensión
tire el neumático, la goma
torque el momento de torsión
V8 engine el motor V8
valve la válvula
water pump la bomba de agua
wheel la rueda
windshield el parabrisa

Motor Vehicles — Spanish to English

acelerador (m) gas pedal
amortiguador (m) shock absorber
aro (m) ring
arranque (m) starter
asiento (m) seat
autómata (m) robot
bastidor (m) chassis
biela (f) connecting rod
bomba (f) de aceite oil pump
bomba de agua water pump
bujía (f) spark plug
caballos de fuerza (m) horsepower
cambio (m) automático de velocidades automatic gearshift
cambio de velocidades gearshift
carro (m) car
carrocería (f) body
chofer (m) driver
cigüeñal (m) crankshaft
conducción (f) steering
conductor (m) driver
consumo de gasolina (m) gas consumption
correa (f) belt
descongelador (m) defroster
dirección assitide (f) diesel power steering
dirección neumática (f) power steering
diseñador (m) designer
distribuidor (m) distributor
eje (m) de leva camshaft
eje trasero rear axle
embrague (m) clutch
encendido (f) ignition
escape (m) exhaust
filtro (m) de aceite oil filter
filtro de aire air filter
freno (m) brake
generador (m) generator

goma (f) tire
goma radial radial tire
guardabarros (m) fender
guardafangos (m) fender
ignición (f) ignition
ingeniero mecánico mechanical engineer
línea (f) de ensamlaje assembly line
manejo (m) steering
millaje (m) mileage
momento (m) de torsión torque
motor (m) engine
motor V8 V8 engine
motor de cuatro cilindros four-cylinder engine
motor de seis cilindros six-cylinder engine
muelle (m) spring
neumático (m) tire
obrero (m) automotriz automotive worker
odómetro (m) odometer
parabrisa (m) windshield
parachoque (m) bumper
pedal (m) de embrague clutch pedal
pedal de freno brake pedal
pedal de gasolina gas pedal
piñón (m) pinion
pintura (f) paint
propulsión (f) propulsion
prototipo (m) prototype
rejilla (f) del radiador grille
robot (m) robot
rueda (f) wheel
rueda de repuesta spare tire
sedán (m) sedan
suspensión (f) suspension
tanque (m) de gasolina gasoline tank
tracción (f) delantera front-wheel drive
válvula (f) valve
velocímetro (m) speedometer
volante (m) steering wheel

Pharmaceuticals — English to Spanish

anaesthetic el anastésico
analgesic el analgésico
anti-inflammatory el antiinflamatorio
anticholinergic el anticolinérgico
anticoagulant el anticoagulante
aspirin la aspirina
barbiturates los barbitúricos
bleed (v) sangrar
blood la sangre
botanic la botánica
calcium el calcio
compounds los compuestos
content el contenido
cortisone la cortisona
cough (v) toser
cough drop la pastilla para la tos
cough syrup el jarabe para la tos
crude (adj) crudo
density la densidad
diabetes la diabetis
digitalis el digital, la digitalina
disease la enfermedad
diuretic el diurético
dose la dosis
dressing el vendaje
drop la gota, la pastilla
drug la droga
drugstore la farmacia
eyedrop la gota para los ojos
ground (adj) molido
hexachlorophene el hexaclorofeno
hormone la hormona
hypertension la hipertensión
injection la inyección
insulin la insulina
iodine el yodo
iron el hierro
laboratory technician el técnico de laboratorio
laxative el laxante
medicine la medicina
morphine la morfina
narcotic el narcótico
nitrate el nitrato
nitrite el nitrito
ointment el ungüento
opium el opio
organic (adj) orgánico
pellet la píldora
pharmaceutical (adj) farmacéutico
pharmacist el farmacéutico
phenol el fenol
physician el médico
pill la píldora
prescription la receta
purgative el purgante
remedies los remedios
saccharin la sacarina
salts las sales
salve el ungüento, la pomada
sedative el sedante, el calmante
serum el suero
sinus el seno
sleeping pill la píldora para dormir
sneeze (v) estornudar
starch el almidón, la fécula
stimulant el estimulante
sulphamide la sulfamide
synthesis la síntesis
syringe la jeringuilla, la jeringa
tablet la tableta, la pastilla
thermometer el termómetro
toxicology la toxicología
toxin la toxina
tranquilizer el tranquilizante
vaccine la vacuna
vitamin la vitamina
zinc el zinc, el cinc

Pharmaceuticals — Spanish to English

almidón (m) starch
analgésico (m) analgesic
anastésico (m) anaesthetic
anticoagulante (m) anticoagulant
anticolinérgico (m) anticholinergic
antiinflamatorio (m) antiinflammatory
aspirina (f) aspirin
barbitúricos (mpl) barbiturates
botánica (f) botanic
calcio (m) calcium
calmante (m) sedative
cinc (m) zinc
compuestos (mpl) compounds
contenido (m) content
cortisona (f) cortisone
crudo (adj) crude
densidad (f) density
diabetis (f) diabetes
digital (m) digitalis
digitalina (f) digitalis
diurético (m) diuretic
dosis (f) dose
droga (f) drug
enfermedad (f) disease
estimulante (m) stimulant
estornudar sneeze (v)
farmacéutico pharmaceutical (adj)
farmacéutico (m) pharmacist
farmacia (f) drugstore
fécula (f) starch
fenol (m) phenol
gota (f) para los ojos eyedrop
hexaclorofeno (m) hexachlorophene
hierro (m) iron
hipertensión (f) hypertension
hormona (f) hormone
insulina (f) insulin
inyección (f) injection
jarabe (m) para la tos cough syrup
jeringa (f) syringe
jeringuilla (f) syringe
laxante (m) laxative
médico (m) physician
medicina (f) medicine
molido ground (adj)
morfina (f) morphine
narcótico (m) narcotic
nitrato (m) nitrate
nitrito (m) nitrite
opio (m) opium
orgánico organic (adj)
pastilla (f) drop, tablet
pastilla para la tos cough drop
píldora (f) pellet, pill
píldora para dormir sleeping pill
pomada (f) salve
purgante (m) purgative
receta (f) prescription
remedios (mpl) remedies
sacarina (f) saccharin
sales (fpl) salts
sangrar bleed (v)
sangre (f) blood
sedante (m) sedative
seno (m) sinus
síntesis (f) synthesis
suero (m) serum
sulfamide (f) sulphamide
tableta (f) tablet
técnico (m) de laboratorio laboratory technician
termómetro (m) thermometer
toser cough (v)
toxicología (f) toxicology
toxina (f) toxin
tranquilizante (m) tranquilizer
ungüento (m) ointment, salve
vacuna (f) vaccine
vendaje (m) dressing
vitamina (f) vitamin
yodo (m) iodine
zinc (m) zinc

Printing and Publishing — English to Spanish

acknowledgment el reconocimiento, el agradecimiento
black and white (adj) blanco y negro
bleed (v) desteñir
blowup (v) ampliar
boldface la negrita
book el libro
capital la mayúscula
chapter el capítulo
coated paper el papel cuché, el papel
copy el ejemplar
copy (v) copiar
copyright el derecho de autor
cover la cubierta
daily newspaper el periódico, el diario
dropout la omisión, la eliminación
dummy la maqueta
edit (v) editar
edition la edición
editor el editor
engrave (v) grabar
folio la página
font la fundición
four colors los cuatro colores
galley proof la galerada
glossy (adj) lustroso, glaseado
grain el grano
grid la cuadrícula
hardcover la carpeta dura
headline el titular
inch la pulgada
ink la tinta
insert el entredós, el encarte
italic (adj) cursiva
jacket la sobrecubierta
justify (v) justificar
layout la composición, el trazado
letterpress el texto impreso, la impresión tipográfica
line drawing el dibujo lineal
lower case la minúscula, la caja baja
newsprint el papel de periódico
packing el relleno
page makeup la compaginación
pamphlet el pamfleto
paper el papel
paperback el libro en rústica
perfect binding la encuadernación perfecta
pica el cicero
plate el estereotipo, le lámina, el grabado
point el punto
preface el prólogo
press book el libro impreso
print run la tirada
printing la impresión
proofreading la corrección de prueba
publisher el publicador
ream la resma
register marks las marcas registradas
scanner el escudriñador
scoring el rayado
screen la pantalla, la trama
sewn (adj) cosido
sheet la hoja de papel
size el tamaño
soft cover la cubierta rústica
spine el lomo
stripping (v) desmontar
table of contents el índice
title el título
web offset el cilindro de offset

Printing and Publishing — Spanish to English

agradecimiento (m) acknowledgment
ampliar blowup (v)
blanco y negro black and white (adj)
caja (f) baja lower case
capítulo (m) chapter
carpeta (f) dura hardcover
cicero (m) pica
cilindro (m) de offset web offset
compaginación (f) page makeup
composición (f) layout
copiar copy (v)
corrección (f) de prueba proofreading
cosido sewn (adj)
cuadrícula (f) grid
cuatro colores (mpl) four colors
cubierta (f) cover
cubierta rústica soft cover
cursiva italic (adj)
derecho (m) de autor copyright
desmontar stripping (v)
desteñir bleed (v)
diario (m) daily newspaper
dibujo (m) lineal line drawing
editar edit (v)
ejemplar (m) copy
eliminación (f) dropout
encarte (m) insert
encuadernación (f) perfecta perfect binding
entredós (m) insert
escudriñador (m) scanner
estereoptipo (m) plate
fundición (f) font
galerada (f) galley proof
glaseado glossy (adj)
grabado (m) plate
grabar engrave (v)
grano (m) grain
hoja (f) de papel sheet
índice (m) table of contents
impresión (f) printing
impresión tipográfica letterpress
justificar justify (v)
lámina (f) plate
libro (m) book
libro en rústica paperback
libro impreso press book
lomo (m) spine
lustroso glossy (adj)
maqueta (f) dummy
marcas (fpl) registradas register marks
mayúscula (m) capital
minúscula (f) lower case
negrita (f) boldface
omisión (f) dropout
página (f) folio
pamfleto (m) pamphlet
pantalla (f) screen
papel (m) paper
papel cuché coated paper
papel de periódico newsprint
papel revistido o cubierto coated paper
periódico (m) daily newspaper
prólogo (m) preface
publicador (m) publisher
pulgada (f) inch
punto (m) point
rayado (m) scoring
reconocimiento (m) acknowledgment
relleno (m) packing
resma (f) ream
sobrecubierta (f) jacket
tamaño (m) size
texto impreso (m) letterpress
título (m) title
tinta (f) ink
tirada (f) print run
titular (m) headline
trama (f) screen
trazado (m) layout

Winemaking — English to Spanish

acid content el contenido acídico
acre el acre (0.4047 hectareas)
aging el envejecimiento
alcoholic content el contenido alcohólico, el porcentaje de alcohol
batch el lote, la serie
blend (v) mezclar
biological diacidizing la diacidificación biológica
body el cuerpo
bottle (usually 75 centiliters) la botella (0.756 mililitros)
case la caja
cask (225 litres) el tonel, el barril
character la cualidad, la condición
classified sparkling wine el vino expumoso clasificado
clearing la clarificación
climate el clima
cooper el cobre
cork el corcho
corkscrew el sacacorcho
country el país
draw off (v) sacar
dregs las heces
drink (v) beber
dry wine el vino seco
estate (or chateau) la estancia, la viña
estate bottled envasado en la viña
fruity el sabor a frutas
grape la uva
grape bunch el racimo de uvas
grape harvest la vendimia, la cosecha de uvas
guaranteed classified vintage la cosecha clasificada garantizada
hectare la hectarea (2.47 acres)

label la etiqueta
liter el litro
magnum (2 bottles in one) la botella de dos litros
malolactic fermentation la fermentación maloláctica
neck (of bottle) el cuello, el gollete
production la producción
ripe maduro (adj)
skin el hollejo, la piel
sour agrio (adj)
sparkling wine el vino espumoso
stalking (v) encañar
sugar content el contenido de azúcar
tasting (wine tasting) la degustación de vino
temperature la temperatura
type of vine el tipo de vid, el tipo de parra
unfermented grape juice el zumo de uva no fermentado
vat la cuba, la tina
vine la vid
vineyard la viña, el viñedo
vintage la vendimia, la cosecha
vintage year el año de cosecha
vintner el vinatero
vintry la vinatería
wine el vino
wine cellar el vino
wine cooperative la cooperativa de vino
winegrower el viticultor
winemaker el vinicultor
winepress el lagar
wine steward el sumiller
yeast la levadura
yield la producción, el rendimiento

Winemaking—Spanish to English

acre (0.4047 hectareas) (m) acre
agrio sour (adj)
año (m) de cosecha vintage year
barril (m) cask
beber drink (v)
biacidificación (f) biológica (f) biological diacidizing
bodega (f) wine cellar
botella (0.756 mililitros) (f) bottle (usually 15 centiliters)
botella de dos litros magnum (2 bottles in one)
caja (f) case
clarificación (f) clearing
clima (m) climate
cobre (m) cooper
condición (f) character
contenido acídico (m) acid content
contenido alcohólico alcoholic content
contenido de azúcar sugar content
cooperativa (f) de vino wine cooperative
corcho (m) cork
cosecha (f) vintage
cosecha clasificada garantizada guaranteed classified vintage
cosecha de uva grape harvest
cualidad (f) character
cuba (f) vat
cuello (m) neck (of bottle)
cuerpo (m) body
degustación (f) de vino tasting (wine tasting)
encañar stalking (v)
envasado en la viña estate bottled
envejecimiento (m) aging
estancia (f) estate (or chateau)
etiqueta (f) label
fermentación maloláctica malolactic fermentation
gollete (m) neck
heces (fpl) dregs
hectarea (2.47 acres) (f) hectare
hollejo (m) skin
lagar (m) winepress
levadura (f) yeast
litro (m) liter
lote (m) batch
maduro (adj) ripe
mezclar blend (v)
país (m) country
piel (f) skin
porcentaje (m) de alcohol alcoholic content
producción (f) production, yield
racimo (m) de uvas grape bunch
rendimiento (m) yield
sabor a frutas fruity
sacacorcho (m) corkscrew
sacar draw off (v)
serie (f) batch
sumiller (m) wine steward
temperatura (f) temperature
tina (f) vat
tipo de vid (m) type of vine
tonel (m) cask (225 litres)
uva (f) grape
vendimia (f) grape harvest, vintage
vid (f) vine
viña (f) estate, vineyard
viñedo (m) vineyard
vinatería (f) vintry
vinatero (m) vintner
vinicultor (m) winemaker
vino (m) wine
vino espumoso sparkling wine
vino espumoso clasificado classified sparkling wine
vino seco dry wine
viticultor (m) winegrower
zumo (m) de uva no fermentado unfermented grape juice

Agriculture, Industry and Resources

The economic map of Spain will give you a good idea of Spanish industrial geography.

MAJOR MINERAL OCCURRENCES

Ag	Silver	Na	Salt
C	Coal	O	Petroleum
Cu	Copper	Pb	Lead
Fe	Iron Ore	Py	Pyrites
G	Natural Gas	Sb	Antimony
Hg	Mercury	Sn	Tin
K	Potash	U	Uranium
Lg	Lignite	W	Tungsten
Mg	Magnesium	Zn	Zinc
⚡	Water Power	▰▰	Major Industrial Areas

Copyright Permission:
Hammond Incorporated,
Maplewood, New Jersey

GENERAL INFORMATION

ABBREVIATIONS

a.a. always afloat
a.a.r. against all risks
a/c account
A/C account current
acct. account
a.c.v. actual cash value
a.d. after date
a.f.b. air freight bill
agcy. agency
agt. agent
a.m.t. air mail transfer
a/o account of
A.P. accounts payable
A/P authority to pay
approx. approximately
A.R. accounts receivable
a/r all risks
A/S, A.S. account sales
a/s at sight
at. wt. atomic weight
av. average
avdp. avoirdupois
a/w actual weight
a.w.b. air waybill

bal. balance
bar. barrel
bbl. barrel
b/d brought down
B/E, b/e bill of exchange
b/f brought forward
B.H. bill of health
bk. bank
bkge. brokerage
B/L bill of lading
b/o brought over
B.P. bills payable
b.p. by procuration
B.R. bills receivable
B/S balance sheet
b.t. berth terms
bu. bushel
B/V book value

ca. circa; centaire
C.A. chartered accountant
c.a. current account
C.A.D. cash against documents
C.B. cash book
C.B.D. cash before delivery
c.c. carbon copy
c/d carried down
c.d. cum dividend
c/f carried forward
cf. compare
c & f cost and freight
C/H clearing house
C.H. custom house
ch. fwd. charges forward
ch. pd. charges paid
ch. ppd. charges prepaid
chq. check, cheque
c.i.f. cost, insurance, freight
c.i.f. & c. cost, insurance, freight, and commission
c.i.f. & e. cost, insurance, freight, and exchange
c.i.f. & i. cost, insurance, freight, and interest
c.l. car load
C/m call of more
C/N credit note
c/o care of
co. company
C.O.D. cash on delivery
comm. commission
corp. corporation
C.O.S. cash on shipment
C.P. carriage paid
C/P charter party
c.p.d. charters pay duties
cpn. corporation
cr. credit; creditor
C/T cable transfer

c.t.l. constructive total loss
c.t.l.o. constructive total loss only
cum. cumulative
cum div. cum dividend
cum. pref. cumulative preference
c/w commercial weight
C.W.O. cash with order
cwt. hundredweight

D/A documents against acceptance; deposit account
DAP documents against payment
db. debenture
DCF discounted cash flow
d/d days after date; delivered
deb. debenture
def. deferred
dept. department
d.f. dead freight
dft. draft
dft/a. draft attached
dft/c. clean draft
disc. discount
div. dividend
DL dayletter
DLT daily letter telegram
D/N debit note
D/O delivery order
do. ditto
doz. dozen
D/P documents against payment
dr. debtor
Dr. doctor
d/s, d.s. days after sight
d.w. deadweight
D/W dock warrant
dwt. pennyweight
dz. dozen

ECU European Currency Unit
E.E.T. East European Time
e.g. for example
encl. enclosure
end. endorsement
E. & O.E. errors and omissions excepted
e.o.m. end of month
e.o.h.p. except otherwise herein provided
esp. especially
Esq. Esquire
est. established
ex out
ex cp. ex coupon
ex div. ex dividend
ex int. ex interest
ex h. ex new (shares)
ex stre. ex store
ex whf. ex wharf

f.a.a. free of all average
f.a.c. fast as can
f.a.k. freight all kinds
f.a.q. fair average quality; free alongside quay
f.a.s. free alongside ship
f/c for cash
f.c. & s. free of capture and seizure
f.c.s.r. & c.c. free of capture, seizure, riots, and civil commotion
F.D. free delivery to dock
f.d. free discharge
ff. following; folios
f.g.a. free of general average
f.i.b. free in bunker
f.i.o. free in and out
f.i.t. free in truck
f.o.b. free on board
f.o.c. free of charge
f.o.d. free of damage
fol. following; folio
f.o.q. free on quay
f.o.r. free on rail
f.o.s. free on steamer
f.o.t. free on truck(s)
f.o.w. free on wagons; free on wharf
F.P. floating policy
f.p. fully paid
f.p.a. free of particular average

frt. freight
frt. pd. freight paid
frt. ppd. freight prepaid
frt. fwd. freight forward
ft. foot
fwd. forward
f.x. foreign exchange

g.a. general average
g.b.o. goods in bad order
g.m.b. good merchantable brand
g.m.q. good merchantable quality
G.M.T. Greenwich Mean Time
GNP gross national product
g.o.b. good ordinary brand
gr. gross
GRT gross register ton
gr. wt. gross weight
GT gross tonnage

h.c. home consumption
hgt. height
hhd. hogshead
H.O. head office
H.P. hire purchase
HP horsepower
ht. height

IDP integrated data processing
i.e. that is
I/F insufficient funds
i.h.p. indicated horse-power
imp. import
Inc. incorporated
incl. inclusive
ins. insurance
int. interest
inv. invoice
I.O.U. I owe you

J/A, j.a. joint account
Jr. junior

KV kilovolt
KW kilowatt
KWh kilowatt hour

L/C, l.c. letter of credit
LCD telegram in the language of the country of destination
LCO telegram in the language of the country of origin
ldg. landing; loading
l.t. long ton
Ltd. limited
l. tn. long ton

m. month
m/a my account
max. maximum
M.D. memorandum of deposit
M/D, m.d. months after date
memo. memorandum
Messrs. plural of Mr.
mfr. manufacturer
min. minimum
MLR minimum lending rate
M.O. money order
m.o. my order
mortg. mortgage
M/P, m.p. months after payment
M/R mate's receipt
M/S, m.s. months' sight
M.T. mail transfer
M/U making-up price

n. name; nominal
n/a no account
N/A no advice
n.c.v. no commercial value
n.d. no date
n.e.s. not elsewhere specified
N/F no funds
NL night letter
N/N no noting
N/O no orders
no. number
n.o.e. not otherwise enumerated
n.o.s. not otherwise stated

nos.	numbers	pref.	preference
NPV	no par value	prox.	proximo
nr.	number	P.S.	postscript
n.r.t.	net register ton	pt.	payment
N/S	not sufficient funds	P.T.O., p.t.o.	please turn over
NSF	not sufficient funds	ptly. pd.	partly paid
n. wt.	net weight	p.v.	par value

o/a on account
OCP overseas common point
O/D, o/d on demand; overdraft
o.e. omissions excepted
o/h overhead
ono. or nearest offer
O/o order of
O.P. open policy
o.p. out of print; overproof
O/R, o.r. owner's risk
ord. order; ordinary
O.S., o/s out of stock
OT overtime

p. page; per; premium
P.A., p.a. particular average; per annum
P/A power of attorney; private account
PAL phase alternation line
pat. pend. patent pending
PAYE pay as you earn
p/c petty cash
p.c. percent; price current
pcl. parcel
pd. paid
pf. preferred
pfd. preferred
pkg. package
P/L profit and loss
p.l. partial loss
P/N promissory note
P.O. post office; postal order
P.O.B. post office box
P.O.O. post office order
p.o.r. pay on return
pp. pages
p & p postage and packing
p. pro per procuration
ppd. prepaid
ppt. prompt

qlty. quality
qty. quantity

r. & c.c. riot and civil commotions
R/D refer to drawer
R.D.C. running down clause
re in regard to
rec. received; receipt
recd. received
red. redeemable
ref. reference
reg. registered
retd. returned
rev. revenue
R.O.D. refused on delivery
R.P. reply paid
r.p.s. revolutions per second
RSVP please reply
R.S.W.C. right side up with care
Ry railway

s.a.e. stamped addressed envelope
S.A.V. stock at valuation
S/D sea damaged
S/D, s.d. sight draft
s.d. without date
SDR special drawing rights
sgd. signed
s. & h. ex Sundays and holidays excepted
shipt. shipment
sig. signature
S/LC, s. & l.c. sue and labor clause
S/N shipping note
s.o. seller's option
s.o.p. standard operating procedure

spt. spot
Sr. senior
S.S., s.s. steamship
s.t. short ton
ster. sterling
St. Ex. stock exchange
stg. sterling
s.v. sub voce

T.A. telegraphic address
T.B. trial balance
tel. telephone
temp. temporary secretary
T.L., t.l. total loss
T.L.O. total loss only
TM multiple telegram
T.O. turn over
tr. transfer
TR telegram to be called for
TR, T/R trust receipt
TT, T.T. telegraphic transfer (cable)
TX Telex

UGT urgent
u.s.c. under separate cover
U/ws underwriters

v. volt
val. value
v.a.t. value-added tax
v.g. very good

VHF very high frequency
v.h.r. very highly recommended

w. watt
WA with average
W.B. way bill
w.c. without charge
W.E.T. West European Time
wg. weight guaranteed
whse. warehouse
w.o.g. with other goods
W.P. weather permitting; without prejudice
w.p.a. with particular average
W.R. war risk
W/R, wr. warehouse receipt
W.W.D. weather working day
wt. weight

x.c. ex coupon
x.d. ex dividend
x.i. ex interest
x.n. ex new shares

y. year
yd. yard
yr. year
yrly. yearly

WEIGHTS AND MEASURES

U.S. UNIT	METRIC EQUIVALENT
mile	1.609 kilometers
yard	0.914 meters
foot	30.480 centimeters
inch	2.540 centimeters
square mile	2.590 square kilometers
acre	0.405 hectares
square yard	0.836 square meters
square foot	0.093 square meters
square inch	6.451 square centimeters
cubic yard	0.765 cubic meters
cubic foot	0.028 cubic meters
cubic inch	16.387 cubic centimeters

U.S. UNIT	METRIC EQUIVALENT
short ton	0.907 metric tons
long ton	1.016 metric tons
short hundredweight	45.359 kilograms
long hundredweight	50.802 kilograms
pound	0.453 kilograms
ounce	28.349 grams
gallon	3.785 liters
quart	0.946 liters
pint	0.473 liters
fluid ounce	29.573 milliliters
bushel	35.238 liters
peck	8.809 liters
quart	1.101 liters
pint	0.550 liters

TEMPERATURE AND CLIMATE

Temperature Conversion Chart

DEGREES CELSIUS	DEGREES FAHRENHEIT
−5	23
0	32
5	41
10	50
15	59
20	68
25	77
30	86
35	95
40	104

Average Temperatures for Major Cities

	JAN	APR	JULY	OCT
Barcelona	50°F (10°C)	60°F (15°C)	78°F (25°C)	67°F (18°C)
Madrid	42°F (6°C)	55°F (13°C)	80°F (27°C)	60°F (15°C)
Mexico City	55°F (12°C)	70°F (21°C)	70°F (21°C)	65°F (18°C)
San Juan	75°F (24°C)	80°F (26°C)	85°F (30°C)	84°F (29°C)
Bogotá	60°F (15°C)	62°F (12°C)	60°F (15°C)	60°F (16°C)
Buenos Aires	75°F (23°C)	65°F (18°C)	50°F (10°C)	60°F (16°C)
Caracas	68°F (20°C)	72°F (22°C)	70°F (21°C)	73°F (23°C)
Montevideo	75°F (23°C)	65°F (18°C)	50°F (10°C)	60°F (15°C)

Spring	la primavera (lah pree-mah-BEHR-ah)
Summer	el verano (ehl behr-AH-noh)

Autumn	el otoño (ehl oh-TOHN-yoh)
Winter	el invierno (ehl een-BYEHR-noh)
Hot	caliente (kah-LYEHN-teh)
Sunny	soleado (soh-leh-AH-doh)
Cool	fresco (FREHS-koh)
Windy	ventoso (vehn-TOH-soh)
Snowing	nevando (neh-VAHN-doh)
Raining	lloviendo (yoh-VYEHN-doh)

COMMUNICATIONS CODES

Telephone

public phone	el teléfono público (ehl tel-EH-foh-noh POO-blee-koh)
telephone directory	la guía telefónica (lah GHEE-ah tel-eh-FOHN-ee-kah)
local call	la llamada local (lah yah-MAH-dah loh-KAHL)
long-distance call	la llamada a larga distancia (lah yah-MAH-dah ah LAHR-gah dees-TAHN-see-ah)
person-to-person call	la llamada de persona a persona (lah yah-MAH-dah deh pehr-SOHN-ah ah pehr-SOHN-ah)
collect call	la llamada a cobro revertido (lah yah-MAH-dah ah KOH-broh ray-behr-TEE-doh)

International Country Codes

Algeria	213	Germany (East)	49
Argentina	54	Gibraltar	350
Australia	61	Greece	30
Austria	43	Hong Kong	852
Belgium	32	Hungary	36
Brazil	55	Iceland	354
Canada	1	India	91
Chile	56	Ireland	353
Colombia	57	Israel	972
Denmark	45	Italy	39
Finland	358	Japan	81
France	33	Kuwait	965
Germany (West)	37	Luxembourg	352

Malta	356	Spain	34
Mexico	52	Sri Lanka	94
Morocco	212	Sweden	46
Netherlands	31	Switzerland	41
New Zealand	64	Taiwan	886
Norway	47	Thailand	255
Philippines	63	Tunisia	216
Poland	48	Turkey	90
Portugal	351	United Kingdom	44
Saudi Arabia	966	USA	1
Singapore	65	USSR	7
South Africa	27	Venezuela	58
South Korea	82	Yugoslavia	38

Area Codes within Spain

Barcelona	93	Seville	954
Bilbao	94	Valencia	96
Madrid	91	Zaragoza	976

Area Codes within Mexico

Guadalajara	36	Monterrey	83
Mérida	992	Nuevo Laredo	871
Mexico City	5	Puebla	22

Area Codes for Other Major Cities

Bogotá	9	Lima	14
Buenos Aires	1	Montevideo	2
Caracas	2	San Juan	809

POSTAL SERVICES

In Spain

Post offices are separate from telegraph and telephone services. Post office hours are generally 9:00 AM–7:00 PM. The general delivery window at the Central Post Office in Madrid is open until midnight. Stamps may be bought at a post office, a tobacconist's, or at most hotels.

    Madrid Central Post Office—Plaza de la Cibeles.

    Barcelona Central Post Office—Vía Laytena 1 (open 24 hours).

    Long-distance calls may be made from hotels (there is a surcharge) or public phones (knowledge of Spanish is essential!). Telex and cable facilities are standard in large hotels, or call 232-88-00 (Madrid) or 317-68-98 (Barcelona).

In Mexico

Post offices are separate from telegraph and telephone services. Post office hours are generally 9:00 AM–1:00 PM and 3:00 PM–7:00 PM.

Mexico City Central Post Office—Lázaro Cárdenas at Tacuba. Open 9:00 AM–Midnight, Monday–Friday; 9:00 AM–Noon, Saturday.

Long-distance service in Mexico City is available in hotels or at Victoria 59 (8:00 AM–9:30 PM) and Victoria 14 (24 hours).

All telegrams are handled by Telégrafos Nacionales, Balderas y Colón, Mexico City or call 519-29-20.

Public telex is available at: Avenida Universidad y Xola, Balera 7, Ejército Nacional 132, and at large hotels.

In Argentina

Postal, telegraph, and telephone services are controlled by the state-run Empresa Nacional de Correos y Telégrafos (ENCOTEL).

Buenos Aires Central Post Office—Sarmiento 151.

There are public telex booths at: Corrientes & Maipú; and Corrientes & L. N. Alem.

Cables may be sent from Mercury House, Calle San Martin (333-337).

In Colombia

Bogotá Central Post Office—Edificio Avianca, Carrera 7, No. 16-69. Open 7:00 AM–10:00 PM, Monday–Saturday; 8:00 AM–1:30 PM, Sunday.

International Telephone—Empresa Nacional de Telecomunicaciones, Calle 17, No. 7-15.

Public telex at: Bogotá Hilton, Carrera 7; Tequendama Hotel, Carrera 10.

In Peru

Lima Central Post Office—Jirón Jamin at Plaza de Armes. Open 8 AM–7:15 PM, Monday–Friday; 8:00 AM–Noon, Saturday–Sunday.

Cables may be sent at: Jirón A. Miro Quesada 324; Hotel Bolívar, Plaza San Martín, Casilla 864; Hotel Crillón, Avenida Nicolás de Piérolla 589, Casilla 2981.

In Uruguay

Montevideo Central Post Office—Misiones and Buenos Aires.

Telexes are located in most commercial banks. Cables can be sent in Montevideo via: Western Telegraph Co. Ltd., Mercury House, Calle Cerrito 449 or All American Cables and Radio, Inc., Calle Zabala 1451.

In Venezuela

Caracas Central Post Office—Avenida Urdaneta and Carmelitos.

In Puerto Rico

San Juan Central Post Office—Franklin D. Roosevelt Avenue, Hato Rey, San Juan 00936.

TIME ZONES

The table on the following page gives the time differences among various countries and major cities of the world, based on Greenwich Mean Time. Remember that from April through September, Daylight Savings Time must be considered.

MAJOR HOLIDAYS
In Spain and Latin America

Date	Name	Countries
January 1	New Year's Day	All
January 6	Epiphany	Spain, Colombia, Uruguay, Puerto Rico
January 11	Birth of De Hostos	Puerto Rico
February 5	Anniversary of the Constitution	Mexico
March 19	St. Joseph's Day	Spain, Colombia, Venezuela
March 21	Birth of Benito Juárez	Mexico
March 22	Abolition of Slavery	Puerto Rico*
April 16	Birth of de Diego	Puerto Rico*
April 19	Declaration of Independence Day	Venezuela
	Landing of the 33 Orientales	Uruguay
May 1	Labor Day	All (except Puerto Rico)
May 5	Battle of Puebla	Mexico
May 18	Battle of Las Piedras	Uruguay
May 25	Liberty Day	Argentina
June 4	Army Day	Venezuela
June 19	Birth of General Artigos	Uruguay
June 20	Flag Day	Argentina
June 29	St. Peter & St. Paul Day	Colombia, Peru
July 4	Independence Day	Puerto Rico
	Election Day	Mexico
July 5	Independence Day	Venezuela
July 9	Independence Day	Argentina
July 17	Birth of Muñoz Rivera	Puerto Rico*
July 18	Anniversary of First Constitution	Uruguay

Time Zones

-8 HOURS	-6 HOURS	-5 HOURS	-4 HOURS	GREEN-WICH MEAN TIME	+1 HOUR	+2 HOURS	+3 HOURS	+10 HOURS	+12 HOURS
Los Angeles San Francisco	Chicago Dallas Houston Mexico City	Bogotá Boston Lima New York Washington, D.C.	Buenos Aires Caracas Montevideo	Great Britain Iceland Ireland Portugal	Austria Belgium Denmark France Germany Hungary Italy Luxembourg Malta Monaco Netherlands Norway Poland Spain Sweden Switzerland Yugoslavia	Finland Greece Romania South Africa	Turkey Moscow	Sydney	New Zealand

July 20	Independence Day	Colombia
July 24	Birth of Bolívar	Venezuela
July 25	St. James' Day	Spain
	Constitution Day	Puerto Rico
July 27	Birth of Barbosa	Puerto Rico
July 28, 29	Independence Days	Peru
August 7	Battle of Boyacá	Colombia
August 15	Assumption	Spain, Colombia
August 17	San Martín's Day	Argentina
August 25	Independence Day	Uruguay
August 30	Santa Rosa de Lima	Peru
September 1	Presidential Address	Mexico
September 16	Independence Day	Mexico
October 12	Columbus Day (Day of La Raza)	All (except Mexico)
November 1	All Saints' Day	Spain, Argentina, Colombia, Peru, Venezuela
November 2	All Souls' Day	Mexico, Uruguay
November 11	Independence of Cartagena	Venezuela
November 20	Anniversary of the Revolution	Mexico
November 24	Veterans' Day	Puerto Rico
December 8	Immaculate Conception	All
December 25	Christmas	All
December 26	Boxing Day	Puerto Rico

Movable Holidays

February	Carnival Week (Week of Ash Wednesday)	Argentina, Uruguay, Venezuela
March–April	Maundy Thursday	All (except Spain).
	Good Friday	All
	Corpus Christi (40 Days after Easter)	All (except Mexico).

N.B.: Puerto Rico celebrates Washington's Birthday, Memorial Day, Labor Day, and Thanksgiving with the United States.
* Puerto Rican half-holidays

CURRENCY INFORMATION
Major Commercial Banks

In Spain

Banking Hours: 9:00 AM–2:00 PM, Monday–Friday; 9:00 AM–1:00 PM, Saturday

Banco Central	Banco Exterior	Banco Popular
Alcalá 49	de España	Español
Madrid 14	Alcalá 24	Alcalá 26
	Madrid 14	Madrid 14

In Mexico
Banking Hours: 9:00 AM – 1:30 PM, Monday – Friday

Banco Nacional de México, S.N.C.
Isabel la Católica 44
México, D.F.

Bancomer, S.N.C.
Avenida Universidad 1200
México, D.F.

Multibanco Comermex, S.N.C.
M. Ávila Camacho, Plaza Comermex
México, D.F.

In Argentina
Banking Hours: 10:00 AM – 4:00 PM, Monday – Friday

Banco de la Nación Argentina
Bartolomé Mitre 326
1036 Buenos Aires

Banco de la Provincia de Buenos Aires
Calle San Martín 137
1004 Buenos Aires

In Colombia
Banking Hours: 9:00 AM – 3:00 PM, Monday – Thursday; 9:00 AM – 3:30 PM, Friday

Banco de Bogotá
Carrera 13, No. 14-33
2645 Bogotá

Banco del Comercio
Calle 13, No. 8-52
Bogotá

In Peru
Banking Hours: 8:00 AM – 11:30 AM, Monday – Friday (January – March); 9:1 AM – 12:45 PM, Monday – Friday (April – December)

Banco de la Nación
Avenida Abancay
Casilla 1835
Lima

In Uruguay
Banking Hours: 1:00 PM – 5:00 PM, Monday – Friday

Banco Comercial
Cerrito 400
Montevideo

In Venezuela
Banking Hours: 8:30 AM – 11:30 AM and 2:00 PM – 4:30 PM, Monday – Friday

Banco Central de Venezuela
Avenida Urdaneta esq. Carmelitas
Caracas

In Puerto Rico
Banking Hours: 9:00 AM – 2:30 PM, Monday – Friday

Banco de Ponce
Avenida Muñoz Rivera 628
Hato Rey, San Juan

Major Currencies of the World

Andorra	French Franc
Argentina	Argentinian Peso
Austria	Schilling
Belgium	Belgian Franc
Colombia	Colombian Peso
Denmark	Danish Krone
Finland	Finmark
France	Franc
Germany (West)	Mark (DM)
Germany (East)	Mark (M)
Greece	Drachma
Hungary	Forint
Iceland	Krone
Ireland	Punt
Italy	Lira
Liechtenstein	Swiss Franc
Luxembourg	Luxembourg Franc
Malta	Maltese Lira
Mexico	Mexican Peso
Monaco	French Franc
Netherlands	Guilder
Norway	Norwegian Krone
Peru	Sol
Portugal	Escudo
Puerto Rico	U.S. Dollar
Spain	Peseta
Sweden	Swedish Krone
Uruguay	Uruguayan Peso
Venezuela	Bolívar

MAJOR BUSINESS PERIODICALS

Newspapers

In Spain

ABC
Cinco Días
Diario 16
Iberian Daily Sun
El País
El Periódico

In Mexico

Diario de México
Esto
Excélsior
El Heraldo de México
El Nacional
Novedades
Ovaciones
La Prensa
El Sol de México
El Universal

In Argentina

Ambito Financiero
Buenos Aires Herald
Alarín
Crónica
El Cronista Comercial
La Nación
La Prensa
La Razón

In Colombia

El Espacio
El Espectador
La República
El Tiempo

In Peru

El Comercio
Expreso
Ojo
La República

In Uruguay

El Día
El Diario

La Mañana
El País

In Venezuela

Daily Journal
El Mundo
El Nacional
Ultimas Noticias
El Universal
2001

In Puerto Rico

El Día
El Imparcial
El Mundo
San Juan Star

Magazines

In Spain

Dinero
Economía
El Economista
Actualidad Económica
El Financiero
Información Comercial Española

In Mexico

El Campo
Comercio
Intercambio Internacional
Negobancos (Negocios y Bancos)
Transformación
Visión

In Argentina

Economic Survey
El Economista
Mercado

Review of the River Plate
Técnica e Industria

In Colombia

Coyuntura Económica
Económica Colombiana
Síntesis Económica

In Peru

The Andean Report
Perú Económico

In Uruguay

Boletín Comercial
Búsqueda
Crónicas Económicas

In Venezuela

Business Venezolana
Economía Venezolana
Número

ANNUAL TRADE FAIRS

In Spain

This is a partial list of annual events. Changes may occur from year to year, as well as during the year, and it is advisable to consult local tourist offices and the Government Tourist Offices abroad for up-to-date information.

January	Ready-made Menswear — Barcelona
	International Tourism Fair — Madrid
February	International Security Safety — Madrid
	International Exhibition on Men's Fashion — Madrid
March	Ready-made Ladies' Wear — Barcelona
	International Food Fair — Barcelona
April	International Aerospace and Defense Exhibition — Barcelona
May	International Optical Instruments — Madrid
	International Municipal Equipment and Services — Madrid
June	International Trade Fair — Barcelona
September	International Image, Sound, and Electronic Show — Barcelona
	International Book Fair — Barcelona
	International Scientific, Medical and Technical Instruments — Madrid
October	International Electrification Fair — Madrid
November	International Business Equipment and Data Processing — Madrid

For additional information contact: Secretaria de Estado de Comercio, Comisaria de Ferias, Paseo de la Castellana 162, 128046 Madrid (458-00-16)

In Latin America

For information about trade fairs contact the following national organizations:

Ferias y Exposiciones Mexicanas, A.C.
Manuel Ma. Contreras 133-116-121
México, D.F.
telex: 1772163

Dirección Nacional de Promoción Comercial
Departamento de Ferias y Exposiciones
Avenida Julio A. Roca 651, 5° P.
Sector 21 (1322)
Buenos Aires
telephone: 343-103; telex: 1622, 17065, 18055

Corporación de Ferias y Exposiciones, S.A.
Carrera 40, No. 226-67
Apdo. Aéreo 6843
Bogotá
telephone: 244-01-41; telex: 44553

Confederación de Cámaras de Comercio y Producción del Perú
Avenida Gregorio Escobedo 398
Lima 11
telephone: 633-434

Cámara Nacional de
 Comercio
Edif. de la Bolsa de Comercio
Misiones 1400
Montevideo
telephone: 952-500

Venezuelan Fairs and
 Exhibitions Commission
 (VENEXPO)
Avenida Guaicaiparo
Qta. Cantoralia
El Rosal
Caracas

Chamber of Commerce of
 Puerto Rico
Chamber of Commerce
 Buildings
Tetuán 100
P.O.B. 3789
San Juan 00904
telephone: 809-721-6060

TRAVEL TIMES

Note that in most parts of the world, official time is based on the 24-hour clock. Train schedules and other official documents will use 13:00 through 23:00 to express the PM hours.

There are no direct flights from Sydney to South America. All flights involve connections that make it impossible to determine an average flying time.

Airlines

In Spain

Most international flights go through Barajas Airport (ten miles from Madrid) although some flights, especially from England and Western Europe, do go to Barcelona (El Prat de Llubreget — 7 miles from downtown.)

Iberia, the national airline, flies international and domestic routes. Aviaco and Spantax fly mostly domestic routes.

Iberia, Velázquez 130, Madrid, telephone: 91-262-67-31
Aviaco, Maudes 51, Madrid, telephone: 91-254-36-00
Spantax, Paseo de la Castellana 181, Madrid, telephone: 91-279-69-00

In Mexico

Benito Juárez International Airport is three miles from Mexico City.

Aeroméxico, the national airline, flies international and domestic routes. Mexicana flies domestic routes and to the U.S., Central America, and the Caribbean.

Aeroméxico, Paseo de la Reforma 445-PH, Col. Cuauhtémoc, 06500, México, D.F., telephone: 525-42-99.
Mexicana, Baleras 36, 6°, Apdo. 901, 06050 México, D.F., telephone 585-31-48

Average Flying Times between Major Spanish-Speaking Cities (in hours)

	BOGOTÁ	BUENOS AIRES	CARACAS	LIMA	MEXICO CITY	MONTEVIDEO	SAN JUAN
Bogotá	—	8	2	3	4.5	NA	3
Buenos Aires	8	—	6.5	5.5	11.5	1	NA
Caracas	2	6.5	—	6	6	NA	1.5
Lima	3	5.5	6	—	5.5	NA	7
Madrid	12	14.5	9	16	13.5	15.5	8
Mexico City	4.5	11.5	6	5.5	—	NA	4.5
Montevideo	NA	1	NA	NA	NA	—	NA
San Juan	3	NA	1.5	7	4.5	NA	—

Approximate Flying Times to Key Spanish-Speaking Cities (in hours)

	BARCELONA	BOGOTÁ	BUENOS AIRES	CARACAS	LIMA	MADRID	MEXICO CITY	MONTEVIDEO	SAN JUAN
London	3.5	13	17	10	15	2	13	NA	8
Los Angeles	15	8	15	9	8.5	13	4	NA	9
New York	9.5	6.5	14	5	10	8	6	17	3.5
Montreal	9	NA	16	NA	9.5	7.5	4.5	NA	NA
Toronto	10	NA	15.5	NA	11	9	4.5	NA	7.5

In Argentina

Ezeiza Airport is 22 miles from downtown Buenos Aires.

Aerolíneas Argentinas, the national airline, is the major international and domestic carrier. Three other airlines fly mainly domestic routes and to nearby countries.

Aerolíneas Argentinas, Paseo Colón 185, Buenos Aires, telephone: 302-081
Austral Líneas Aéreas, Florida 234, Buenos Aires, telephone: 468-841
LADE, Perú 710, Buenos Aires, telephone: 347-071
LAPA, Lavalle 465, Buenos Aires, telephone: 393:8099.

In Colombia

El Dorado International Airport is ten miles outside Bogotá.

AVIANCA, the national airline, operates international and domestic routes. SAM is the main domestic airline.

AVIANCA, Avenida El Dorado 93-30, Bogotá.
SAM, Avenida Jiménez, No. 5-14, Bogotá.

In Peru

Jorge Chavez International Airport is ten miles from Lima.

Aeroperú, the main international carrier, also flies domestic routes. One other airline, Faucett, flies mainly domestic routes.

Aeroperú, Jirón Cailloma 818, No. 11, Apdo. 1414, Lima.
Faucett, Jirón Unión 926, Plaza San Martín, Apdo. 1429, Lima.

TRAVEL TIPS

On the Plane

1. Be aware that the engine noise is less noticeable in the front part of the plane. Try to sleep. Some frequent travelers bring along earplugs, eyeshades, and slippers.
2. Wear comfortable, loose-fitting clothing.
3. Walk up and down the aisles, when permitted, at least five minutes every hour to maintain body circulation.
4. Limit alcohol intake—altitude heightens the intoxicating effect.
5. Avoid heavy foods and caffeine, which dehydrates the body.

6. Drink plenty of liquids and eat foods rich in potassium. Pressurized cabins cause dehydration.
7. Take it easy when you arrive. When possible, schedule your first important meeting according to your "at home" peak period.

Jet Lag

Disruption of the body's natural cycles can have a lingering effect on your well-being, so take the following precautions:

1. *Avoid loss of sleep* by taking a flight that will get you to your destination early in the evening, if at all possible. Get a good night's sleep at home the night before your departure.
2. *Rearrange your daily routine* and sleep schedule to harmonize with a normal body clock at your destination.
3. *Avoid stress and last-minute rush.* You're going to need all your strength.
4. *Rearrange your eating habits.* Start four days early—begin a diet of alternate days of feasting and fasting. "Feast" features high-protein breakfasts and lunches (to increase energy level and wakefulness) and high-carbohydrate dinners (to help induce sleep).

Driving

You need the following documents when driving in Spain: passport, international insurance certificate (green card), registration (log) book, and a valid driver's license. An international driving permit is desirable, but in Spain you can drive with an American license. A red warning triangle—for display on the road in case of accident—is mandatory, as is the use of seat belts outside of city limits.

Telephones

In most towns and cities, long-distance calls can be placed from telephone offices (usually distinct from post offices). Most hotels allow you to use their phones for long-distance and international calls even if you're not staying there. A small service charge is added. The inland telephone network is partly automatic, and direct dialing is available to many countries.

Shopping

Shops in Spain usually open around 9:00 AM and close between 8:00 and 8:30 PM. All close for lunch from 1:00 to 3:30 or 4:00 PM in summer. Few shops are open on Sunday or holidays.

Clothing Sizes

In Europe, clothing sizes vary from country to country, so be sure to try on the garment. For men, a suit size is "10" more than the U.S. size—thus, an American 40 is a European or Continental 50. For women, the conversion is your American size plus "28"—an American size 10 is therefore a Continental 38.

In Uruguay

Carrasco Airport is 13 miles from Montevideo.

Two airlines fly mainly domestic routes.

PLUNA, Colonía 1021, Apdo. 1360, Montevideo, telephone: 912-772.
TAMU, Colonía 1021, Apdo. 1360, Montevideo, telephone: 912-772

In Venezuela

Simón Bolívar International Airport and Maiquetía Airport are both 13 miles from Caracas.

VIASA, the national airline, flies international routes; AVENSA, also government-owned, flies domestic routes.

VIASA, Torre Viasa, Avenida Sur 25, Plaza Morelos, Apdo. 6857, Caracas.
AVENSA, Edif. Banco de la Construcción y de Oriente 1-11-15-16, esq. de Platanal, Avenida Urdaneta.

In Puerto Rico

Isla Verde International Airport is nine miles from San Juan.

Prinair flies domestic routes and to Caribbean destinations.

N.B. The largest international carrier in South America is the Brazilian national airline, VARIG.

Rail Travel

In Spain

Good service from Madrid to most major cities. Provincial service is of poorer quality. Some areas of the country have little or no service. RENFRE, the train service, can be reached at 733-30-33 or 222-76-09 (Madrid), or 310-72-00 (Barcelona).

In Mexico

Train service in Mexico is generally good.

In Argentina

Argentina has an extensive train service. For information call 311-64-11 (Buenos Aires).

In Colombia

Train service in Colombia is operated by the Ferrocarriles Nacionales de Colombia. For information call 277-55-77 (Bogotá).

In Uruguay

A generally good network exists throughout the country with connections to Argentinian and Brazilian networks. For information call 98-95-51 (Montevideo).

In Venezuela

The Venezuelan train system is under construction. For information call 41-61-41 (Caracas).

Drug Stores

Spanish drug stores don't stock the range of products that are found in the U.S. For cosmetics you'd go to a perfumería.

Film

Film sizes aren't always indicated the same way in Europe as in the U.S. Check carefully before purchasing.

Tipping

Tipping, of course, varies with the individual and the situation. The following amounts are typical: In hotels in Spain, the service charge is included; the porter, bellhop, and doorman usually receive 75 pesetas; a maid, 50 pesetas per week. Lavatory and hatcheck attendants, as well as ushers, receive 20–50 pesetas. Taxi drivers, hairdressers, and tourist guides often are tipped 10%.

MAJOR HOTELS

Madrid

Palace
Pl. de la Cortes 7, 28014
Tel: 429 75 51
Telex: 22272
Major credit cards accepted
Restaurant

Princess Plaza
Serrano Jover 3, 28008
Tel: 242 21 00
Telex: 44378
Major credit cards accepted

Plaza
Pl. España, 28013
Tel: 247 12 00
Telex: 27383
(Outdoor pool)
Major credit cards accepted

Emperador
Gran Vía 53, 28013
Tel: 247 12 00
Telex: 46261
Major credit cards accepted

Mayorazgo
Flor Baja 3, 28013
Tel: 247 26 00
Telex: 45647
Major credit cards accepted

Carlos V
Maestro Vitoria 5, 28013
Tel: 231 41 00
Telex: 48547
Major credit cards accepted

Ritz
Pl. de la Lealtad 5, 28014
Tel: 521 28 57
Telex: 43986
Major credit cards accepted
Restaurant

Villa Magna
Paseo de la Castellana 22, 28046
Tel: 261 49 00
Telex: 22914
Major credit cards accepted

Wellington
Velázquez 8, 28001
Tel: 275 44 00
Telex: 22700
(Outdoor pool)
Major credit cards accepted
Restaurant

Convención
O'Donnell 53, 28009
Tel: 274 68 00
Telex: 23844
Major credit cards accepted

Eurobuilding
Padre Damián 23, 28036
Tel: 457 17 00
Telex: 22548
(Outdoor pool)
Major credit cards accepted
Restaurants: Balthasar, La Taberna

Melía Castilla
Capitán Haya 43, 28020
Tel: 270 80 00
Telex: 23142
(Outdoor pool)
Major credit cards accepted

Barcelona

Princess Sofia
Pl. del Papa Pius XII, 08028
Tel: 330 71 11
Telex: 51032
(Indoor pool)
Major credit cards accepted

Grand Hotel Sarría
Av. de Sarría 50, 08029
Tel: 239 11 09
Telex: 51033

Presidente
Av. de la Diagonal 570, 08021
Tel: 200 21 11
Telex: 52180
Major credit cards accepted
Restaurant

Majestic
Passeig de Grácia 70, 08008
Tel: 215 45 12
Telex: 52211
(Outdoor pool)
Major credit cards accepted

Ritz
Gran Vía de les Cortís Catalanes 668, 08010
Tel: 318 52 00
Telex: 52739
Major credit cards accepted

Diplomatic and Rest. la Salsa
Pau Claris 122, 08009
Tel: 317 31 00
Telex: 54701
(Outdoor pool)
Major credit cards accepted

Calderón
Rambla Catalunya 26, 08007
Tel: 301 00 00
Telex: 51549
(Outdoor pool)
Major credit cards accepted

Colón
Av. de la Catedral 7, 08002
Tel: 301 14 04
Telex: 52654
Major credit cards accepted
Restaurant

Avenida Palace
Gran Vía 605, 08007
Tel: 301 96 00
Telex: 54734
Major credit cards accepted
Restaurant

Mexico City

Camino Real
Mariano Escobedo 700
Tel: 545-6960
(Pool)
Restaurants

Maria Isabel Sheraton
Reforma 325
Tel: 211-0001
(Outdoor pool)
Restaurants

Bogotá

Hilton
Carrera 7, No. 32-16
Tel: 285-6020
(Indoor pool)
Restaurants

Tequendama
Calle 26, No. 10-42
Tel: 282-9066
Restaurants

Caracas

Tamanaco Inter-Continental
Av. Principal, Las Mercedes
Tel: 91-45-55
(Pool)
Major credit cards accepted
Restaurants

Caracas Hilton
El Conde
Tel: 571-3808 or 571-2322
Major credit cards accepted
Restaurants

Buenos Aires

Claridge Hotel
Tucumán 535
Tel: 393-7345
(Outdoor pool)
Restaurant

Hotel Plaza
Florida 1005
Tel: 311-5011
Restaurants

Santiago

Hotel Carrera
Calle Teatinos 180
Tel: 82-01-1
(Outdoor pool)
Restaurants

Sheraton San Cristóbal
Av. Santa María 1742
Tel: 74-50-00
(Pool)

MAJOR RESTAURANTS

Madrid

El Cenador del Prado — one star
Prado 4, 28014
Tel: 429 15 49
Major credit cards accepted

Clara's — one star
Arrieta 2, 28013
Tel: 242 09 45
Visa accepted

Horcher — one star
Alfonso XII-6, 28014
Tel: 222 07 31
American Express, Diner's Club accepted

Jockey — one star
Amador de los Rios 6, 28010
Tel: 419 24 35
Major credit cards accepted

Club 31 — one star
Alcalá 58, 28014
Tel: 231 00 92
Major credit cards accepted

El Amparo — one star
Puigcerdá 8, 28001
Tel: 431 64 56
American Express, Visa accepted

El Pescador — one star
José Ortega y Gasset 75, 28006
Tel: 402 12 90

La Trainera — one star
Lagasca 60, 28001
Tel: 276 80 35
Visa accepted

Zalacaín — two stars
Alvarez de Baena 4, 28006
Tel: 261 48 40
American Express, Diner's Club accepted

El Bodegón — one star
Pinar 15, 28006
Tel: 262 31 37
Major credit cards accepted

Principe de Viana — one star
Manuel de Falla 5, 28036
Tel: 259 14 48
American Express, Diner's Club accepted

Botín
Cuchilleros 17, 28005
Tel: 266 42 17
Major credit cards accepted

Barcelona

Ama Lur—one star
Mallorca 275, 08008
Tel: 215 30 24
Major credit cards accepted

Reno—one star
Tuset 27, 08006
Tel: 200 91 29
Major credit cards accepted

Via Veneto—one star
Ganduxer 10, 08021
Tel: 200 72 74
Major credit cards accepted

Casa Quirze—one star
Laureano Miro 202
Tel: 371 10 84
American Express, Diner's Club accepted

Neichel—two stars
Av. de Pedraibes 16 bis., 08034
Tel: 203 84 08
Major credit cards accepted

Ara-Cata—one star
Dr. Ferrán 33, 08034
Tel: 204 10 53
Major credit cards accepted

Botafumeiro—one star
Major de Gracia 81, 08012
Tel: 218 42 30
Major credit cards accepted

Azulete—one star
Via Augusta 281, 08017
Tel: 203 59 43
Major credit cards accepted

Eldorado Petit—one star
Dolors Monserdá 51, 08017
Tel: 204 51 53
American Express, Visa accepted

Mexico City

San Angel Inn (Mexican)
Palmas 50, San Angel
Tel: 548-6746
Major credit cards accepted

El Parador de Jose Luís (Spanish)
17, Pink Zone
Tel: 533-1840
Major credit cards accepted

Bogotá

Casa San Isidro
Teleférico
Tel: 284-5700
Major credit cards accepted

La Fragata (4 restaurants)
Baravia Bldg., Carrera 13, No. 27-98
Tel: 243-2959
Calle 15, No. 9-30, Int. 3
Tel: 241-0176
Calle 77, No. 15-36, Int. 1
Tel: 236-3243
Diagonal 127A, No. 20-36
Tel: 274-6684
Major credit cards accepted

Caracas

Gazebo
Av. Rio de Janeiro, Las Mercedes
Tel: 92-95-02
Major credit cards accepted

La Atarraya
Esquina de San Jacinto
Tel: 45-82-35
Major credit cards accepted

Buenos Aires

Plaza Grill
Florida 1005
Tel: 311-5011
Major credit cards accepted

El Recodo
Lavalle 130
Tel: 321-2453

Santiago

Aqui Está CoCo
Calle Nueva de Lyon 92
Tel: 49-12-14
Major credit cards accepted

Pinpilinpausha
Matias Cousiño 62
Tel: 6-1835

Ratings extracted from the Red Michelin Guide, 1986.

USEFUL ADDRESSES

In Spain

Oficina de Información de Turismo
Plaza Mayor 3
Madrid

Asociación de Ferias Españolas
Claudio Coello
19 Madrid-1

Consejo Superior de las Cámaras Oficiales de Comercio
Claudio Coello
19 Madrid-19

American Chamber of Commerce
Eurobuilding, Oficina 9H
Padre Damián 23
Madrid-16
or
Avenida Diagonal 477
Barcelona-36

Dirección General de Política Comercial (Foreign Trade)
Paseo de la Castellana 162
Madrid-16

In Mexico

Confederación de Cámaras Nacionales de Comercio, Servicios y Turismo (CONCAACO)
Balderas 144, No. 2 y 3
Apdo. 113 bis
Centro Cuauhtémoc
06079 México, D.F.

Cámara Nacional de Comercio de la Ciudad de México (CANACO)
Paseo de la Reforma 42
Apdo. 32005
06048 México, D.F.

Confederación de Cámaras Industriales de los Estados Unidos Mexicanos (CONCAMIN)
Manuel María Contreras 133, 8°
Col. Cuauhtémoc
06597 México, D.F.

National Association of Importers and Exporters
Monterrey 130
Col. Roma-Cuauhtémoc
06700 México, D.F.

Institute for Foreign Trade
Alfonso Reyes 30
Col. Condesa
06140 México, D.F.

In Argentina

Cámara Argentina de Comercio
Avenida Leandro N. Alem 36
1003 Buenos Aires

Cámara de Comercio, Industria y Producción de la Federación
Gremial del Comercio e Industria
Avenida Córdoba 1868
Rosario
Sante Fe

Consejo Federal de Inversiones
San Martín 871
1004 Buenos Aires

In Colombia

Cámara de Comercio de Bogotá
Carrera 9, No. 16-21
Bogotá

In Peru

Cámara de Comercio de Lima
Avenida Abancay 291, PisO 2
Lima

Ministerio de Industria, Turismo e Integración
Calle 1 Oeste
Corpac
San Isidro
Lima 27

In Uruguay

Dirección Nacional de Turismo
Agraciada 1409, No. 4-6
Montevideo

In Venezuela

Federación Venezolana de Cámaras y Asociaciones de Comercio y Producción (FEDECÁMARAS)
Edif. Fedecámaras 5°
Avenida El Empalme
Urb. El Bosque
Apdo. 2568
Caracas

Cámara de Comercio de Caracas
Avenida Este 2, No. 215
Los Caobas
Caracas

Departamento de Turismo
Parque Central
Caracas

In Puerto Rico

Cámara de Comercio de Puerto Rico
P.O. Box 3789
San Juan 00904

MAPS

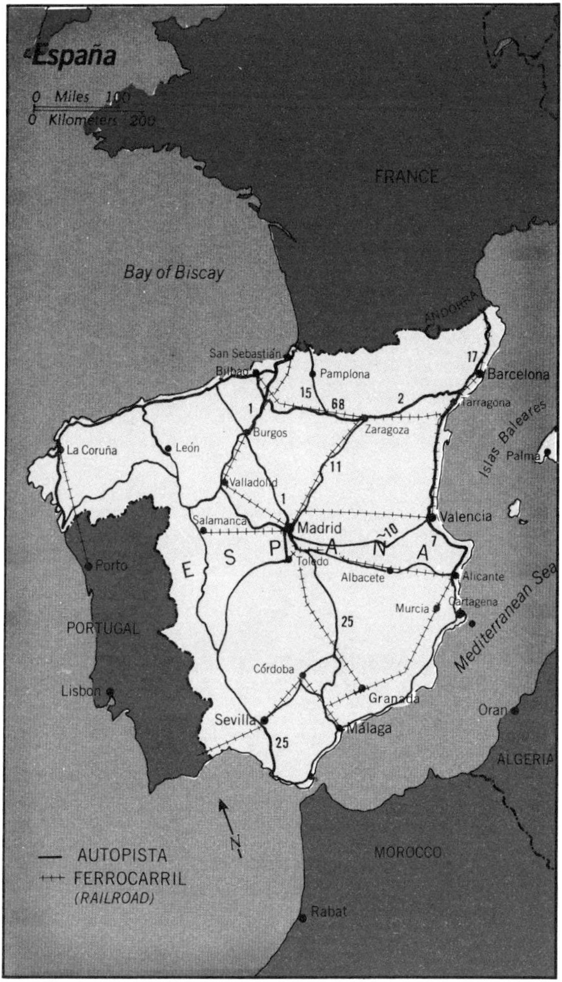

Europe
0
200 miles
0
200
400 Km
Hebrides
Shetland Is
Orkney Is
SCOTLAND
Inverness
Aberdeen
Dundee
Glasgow
Edinburgh
UNITED
KINGDOM
Newcastle
Teesside
North
Sea
NORTHERN
IRELAND
Belfast
IRISH
REPUBLIC
Dublin
Limerick
Cork
Waterford
Irish
Sea
Stoke
Sheffield
Nottingham
Birmingham
Norwich
WALES
ENGLAND
Swansea
Cardiff
Bristol
London
Southampton
Plymouth
Amsterdam
Den Haag
Rotterdam
ATLANTIC
OCEAN
English
Channel
Brest
Rennes
Le Mans
Nantes
Paris
FRANCE
Bay of
Biscay
Limoges
Bordeaux
Toulouse
Marseille
Gulf of
Lions
Massif
Central
La Coruña
C. Finisterre
Vigo
Gijón
Cantabrian Mts
Bilbao
San Sebastián
León
Burgos
Valladolid
Pyrenees
Zaragoza
Porto
Coimbra
Lisboa
Setúbal
Sabadell
Barcelona
Madrid
SPAIN
C. Tortosa
Badajoz
Ciudad Real
Sierra
Morena
Valencia
Balearic Islands
Palma
Mallorca
Menorca
Ibiza
Córdoba
Sevilla
Murcia
Alicante
Cádiz
Jérez
Málaga
Sierra Nevada
3481
Cartagena
Gulf of Cadiz
C. Trafalgar
Tangier
GIBRALTAR (Br.)
Algiers
Mediter

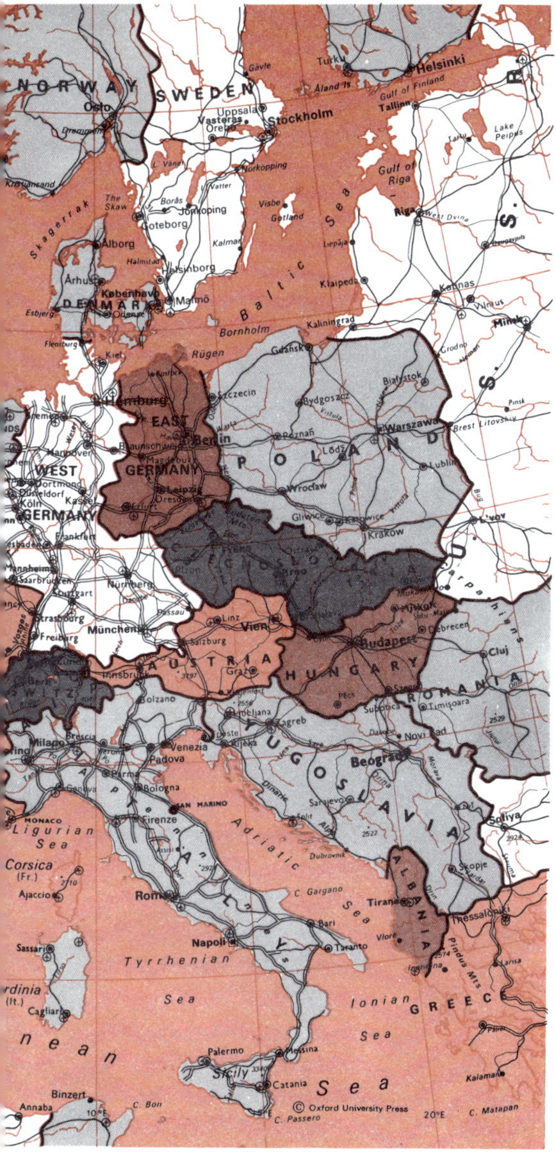
NORWAY
SWEDEN
Oslo
Drammen
Kristiansand
Gävle
Uppsala
Västerås
Örebro
Stockholm
Norrköping
L. Vänern
L. Vättern
Borås
Jönköping
Göteborg
Kalmar
Halmstad
Helsingborg
Malmö
Visby
Gotland
Turku
Åland Is.
Helsinki
Gulf of Finland
Tallinn
Tartu
Lake Peipus
Gulf of Riga
Riga
West Dvina
Daugavpils
Liepāja
Klaipeda
Kaunas
Vilnius
Minsk
Grodno
Neman
Pinsk
Brest Litovsk
Skagerrak
The Skaw
Ålborg
Århus
København
DENMARK
Odense
Esbjerg
Flensburg
Kiel
Baltic Sea
Bornholm
Kaliningrad
Gdańsk
Rügen
Rostock
Hamburg
Bremen
Hannover
Braunschweig
EAST GERMANY
Berlin
Magdeburg
Leipzig
Dresden
Erfurt
WEST GERMANY
Dortmund
Düsseldorf
Köln
Kassel
Frankfurt
Wiesbaden
Mannheim
Saarbrücken
Stuttgart
Nürnberg
Strasbourg
Freiburg
München
Passau
Danube
Vosges
Szczecin
Bydgoszcz
Vistula
Poznań
Warszawa
Łódź
Lublin
POLAND
Białystok
Wrocław
Gliwice
Katowice
Kraków
Bug
L'vov
CZECHOSLOVAKIA
Sudeten Mts.
Plzen
Brno
Bratislava
Carpathians
Linz
Vien
Salzburg
AUSTRIA
Innsbruck
Graz
3797
SWITZ.
Miskolc
Debrecen
Budapest
HUNGARY
Pécs
Szeged
Cluj
ROMANIA
Timişoara
Olt
2529
Subotica
Novi Sad
Danube
Bolzano
Ljubljana
Zagreb
Trieste
Rijeka
Venezia
Padova
Milano
Brescia
Verona
Parma
Bologna
SAN MARINO
Genova
MONACO
Ligurian Sea
Firenze
Assisi
Tiber
2914
Corsica (Fr.)
2710
Ajaccio
Roma
Napoli
Bari
Taranto
Tyrrhenian Sea
Sassari
Sardinia (It.)
Cagliari
ITALY
Adriatic Sea
C. Gargano
YUGOSLAVIA
Beograd
Morava
Drina
Dinaric Alps
Sarajevo
Split
Dubrovnik
2522
Niš
Sofiya
2924
Struma
Skopje
Vardar
Tirana
ALBANIA
Drin
Vlorë
Ioannina
2574
Pindus Mts.
Thessaloníki
Larisa
GREECE
Ionian Sea
Pátrai
Kalamai
C. Matapan
Palermo
Messina
Sicily
3340
Catania
C. Passero
Mediterranean Sea
Binzert
Annaba
C. Bon
10°E
15°E
20°E
© Oxford University Press

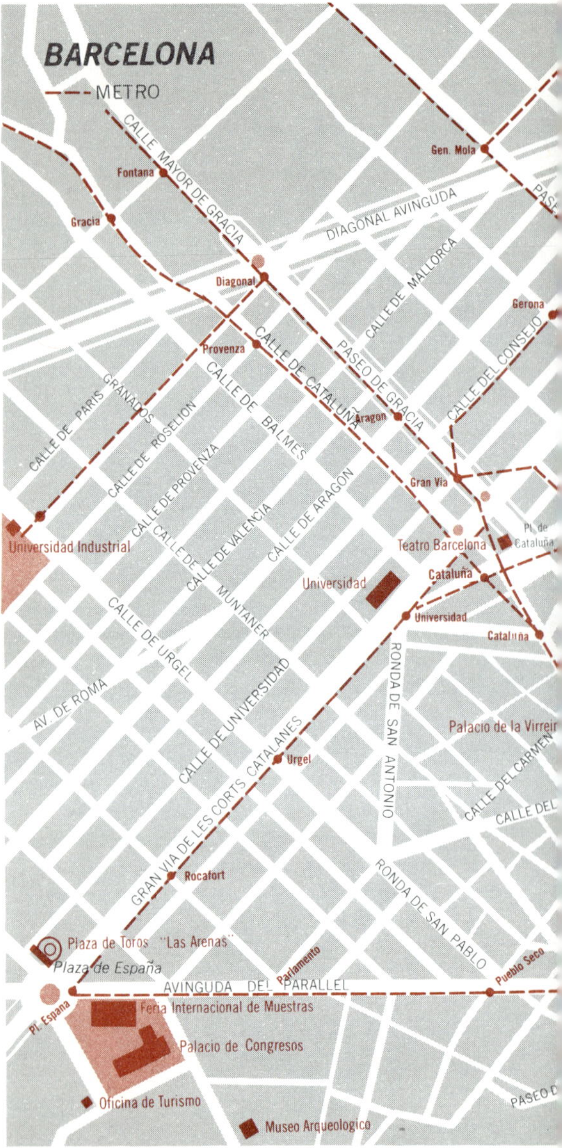

BARCELONA
--- METRO

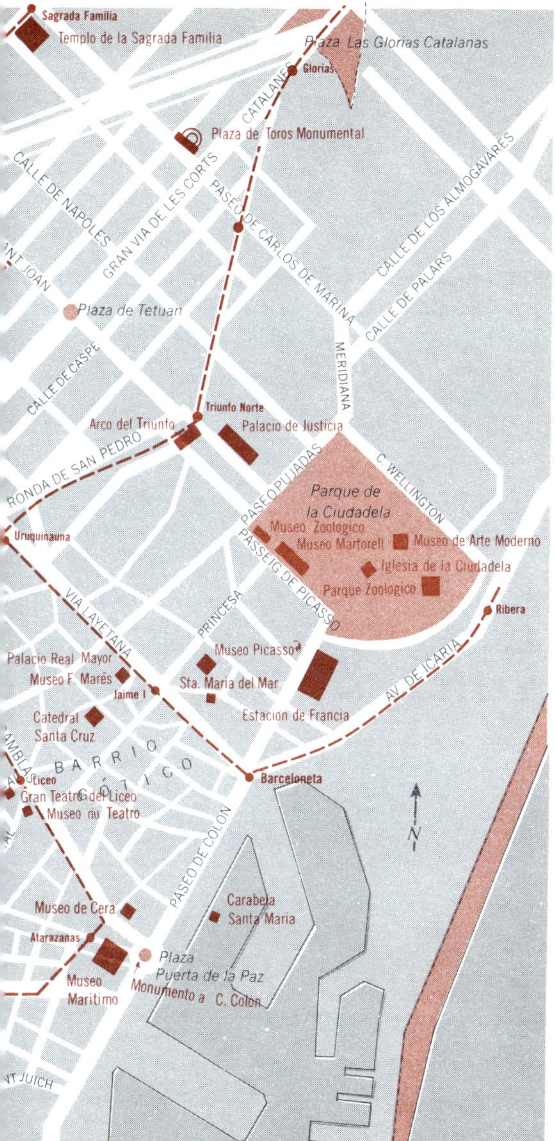

- Sagrada Familia
- Templo de la Sagrada Familia
- Plaza Las Glorias Catalanas
- Glorias
- Plaza de Toros Monumental
- CALLE DE NAPOLES
- GRAN VIA DE LES CORTS
- PASEO DE LES CORTS
- PASEO DE CARLOS DE MARINA
- CALLE DE LOS ALMOGAVARES
- SANT JOAN
- Plaza de Tetuan
- CALLE DE PALARS
- CALLE DE CASPE
- MERIDIANA
- Triunfo Norte
- Arco del Triunfo
- Palacio de Justicia
- RONDA DE SAN PEDRO
- PASEO PUJADAS
- C. WELLINGTON
- Uruquinauna
- Parque de la Ciudadela
- Museo Zoologico
- Museo de Arte Moderno
- Museo Martorell
- Iglesia de la Ciudadela
- PASSEIG DE PICASSO
- Parque Zoologico
- VIA LAYETANA
- Ribera
- Palacio Real Mayor
- Museo F. Marés
- PRINCESA
- Museo Picasso
- Jaime I
- Sta. Maria del Mar
- AV. DE ICARIA
- Catedral Santa Cruz
- Estacion de Francia
- BARRIO GÓTICO
- Liceo
- Gran Teatro del Liceo
- Museo du Teatro
- Barceloneta
- PASEO DE COLÓN
- Museo de Cera
- Carabela Santa Maria
- Atarazanas
- Museo Maritimo
- Plaza Puerta de la Paz
- Monumento a C. Colón
- N
- TJUICH

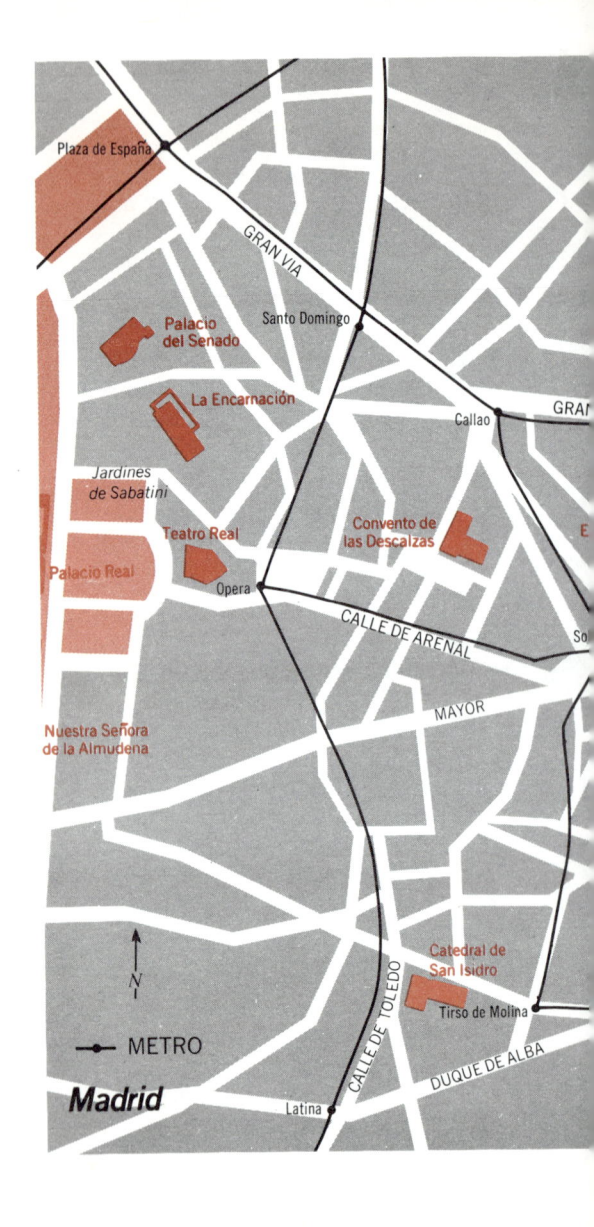

Madrid

- Plaza de España
- GRAN VÍA
- Santo Domingo
- Palacio del Senado
- La Encarnación
- Callao
- GRAN [VÍA]
- Jardines de Sabatini
- Teatro Real
- Convento de las Descalzas
- Palacio Real
- Opera
- CALLE DE ARENAL
- Sol
- MAYOR
- Nuestra Señora de la Almudena
- CALLE DE TOLEDO
- Catedral de San Isidro
- Tirso de Molina
- Latina
- DUQUE DE ALBA

N

● METRO

BARBARA D
Teatro Maria Guerrer
Chueca
CALLE DE HORTALEZA
CALLE DE FUENCARRAL
Palacio del Duque de Ses
Jose Antonio
CALLE DE MONTERA
CALLE DE ALCALA
Banco de España
Academia de
Bellas Artes
Sevilla
CARRERA DE SAN JERONIMO
Congreso de
los Diputados
CALLE DEL PRADO
Museo del
CALLE DE LAS HUERTAS
CALLE DE ATOCHA
A. Martin
CALLE DE MORATIN

Ciudad de Mexico

→ METRO

N↑

- MARINA NACIONAL
- EJERCITO NACIONAL
- MARIANO ESCOBEDO
- ANZURES
- MELCHIOR OCAMPO
- SAN
- CUAUHTEMOC
- Museo Nacional de Antropologia
- Monolito Tlaloc
- *Bosque de Chapultepec*
- Zoologico
- Museo de Arte Moderno
- PASEO DE LA REFORMA
- Acueducto Azteca
- Sevilla
- Chapultepec
- Galeria de Historia
- CALZ. J. VASCONCELOS
- CALZ. CONSTITUYENTES
- AV. DURANGO
- AV. MAZATLAN
- AV. OAXACA
- CONDESA
- AV. TAMAULIPAS
- AV. INSURGENTES S
- HIPODROMO

Map

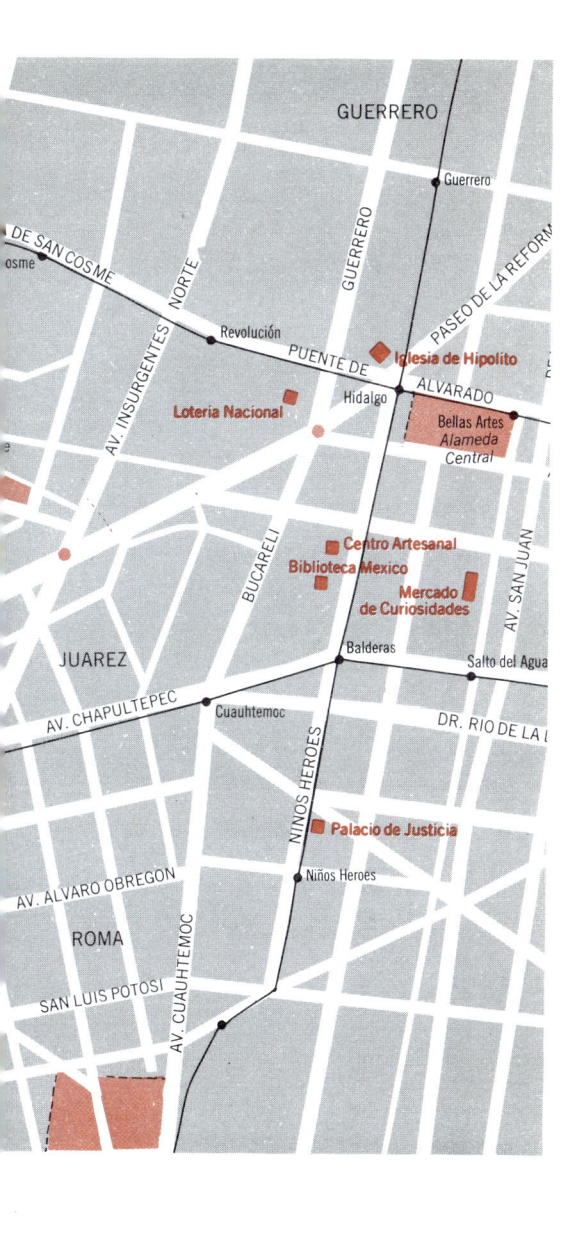

GUERRERO

- Guerrero
- DE SAN COSME
- AV. INSURGENTES NORTE
- GUERRERO
- PASEO DE LA REFORMA
- Revolución
- PUENTE DE ALVARADO
- **Iglesia de Hipolito**
- **Lotería Nacional**
- Hidalgo
- **Bellas Artes**
- *Alameda Central*
- BUCARELI
- **Centro Artesanal**
- **Biblioteca Mexico**
- **Mercado de Curiosidades**
- AV. SAN JUAN
- Balderas
- Salto del Agua
- **JUAREZ**
- AV. CHAPULTEPEC
- Cuauhtemoc
- DR. RIO DE LA L
- NIÑOS HEROES
- **Palacio de Justicia**
- Niños Heroes
- AV. ALVARO OBREGON
- **ROMA**
- SAN LUIS POTOSI
- AV. CUAUHTEMOC

BARRON'S FOREIGN LANGUAGE AIDS:

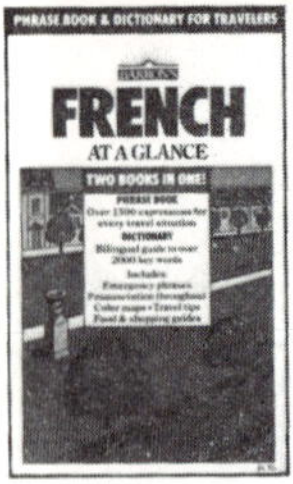

AT A GLANCE SERIES

Pocket-size translators of 1500 key phrases and 2000-word dictionary: ARABIC (2979-8), CHINESE (2851-1), JAPANESE (2850-3), each $5.95, Can. $8.95. FRENCH (2712-4), GERMAN (2714-0), ITALIAN (2713-2), SPANISH (2711-6), each $4.95, Can. $6.95.

Also available with book and 90-min. cassette in Barron's NOW YOU'RE TALKING SERIES: ARABIC (7428-9), CHINESE (7405-X), each $10.95, Can. $16.50. FRENCH (7397-5), GERMAN (7398-3), ITALIAN (7399-1), JAPANESE (7401-7), SPANISH (7400-9), each $9.95, Can. $15.95.

GETTING BY SERIES

Two 60-min. cassettes give you sample conversations. Companion paperback contains skill-building exercises. Each title in travel album, $16.95, Can. $24.95

ARABIC* (7357-6), CHINESE (7152-2), ENGLISH for Japanese speakers (7155-7), FRENCH* (7105-0), GERMAN* (7104-2), GREEK* (7153-0), HEBREW (7151-4), ITALIAN* (7106-9), JAPANESE* (7150-6), PORTUGUESE* (7120-4), RUSSIAN* (7156-5), SPANISH* (7103-4).
(titles with asterisk not available in Canada)

FOREIGN SERVICE INSTITUTE LANGUAGE SERIES

Develop total fluency in a foreign language by learning with the same program used by the U.S. government to train foreign diplomats. Each kit contains 12 90-minute cassettes that give 18 hours of intensive instruction, plus an in-depth textbook.
Complete course with book and 12 cassettes in durable carrying case, $75.00, Canada $112.95
MASTERING FRENCH (ISBN 7321-5)
MASTERING GERMAN (ISBN 7352-5)
MASTERING ITALIAN (ISBN 7323-1)
MASTERING SPANISH (ISBN 7325-8)

Instruction textbooks may be purchased separately, $12.95, Canada $18.95: FRENCH (ISBN 2204-1), GERMAN (ISBN 2210-6), ITALIAN (ISBN 2222-X), SPANISH (ISBN 2229-7).

All prices are in U.S. and Canadian dollars and subject to change without notice. At your bookseller, or order direct adding 10% postage (minimum charge $1.50), N.Y. residents add sales tax.

Barron's Educational Series, Inc.
113 Crossways Park Drive, Woodbury, NY 11797
Call toll-free: 1-800-645-3476, in NY 1-800-257-5729
In Canada: 195 Allstate Parkway, Markham, Ontario L3R 4T8